빛깔있는 책들 101-24

동신당

글, 사진/김태곤

대원사

김태곤 ───────────────

1937년 서산 출생. 국학대학(현 고려
대학교) 국문학과 졸업, 경희대학교
대학원 수료, 일본 동경교육대학에서
문학 박사 학위를 취득했다. 원광대학
교 교수, 덴마크 코펜하겐대학 객원교
수를 역임했고 아시아 지역 민속학
협회 회장직에도 있었다. 현재 문화부
문화재전문위원이며, 경희대학교
국문학과 교수, 민속학연구소 소장,
박물관장, 한민족학회 회장, 국제
샤머니즘학회 회장직을 맡고 있다.
저서로「한국무가집 1, 2, 3, 4」「한
국무속연구」「한국의 무속신화」「한
국무신도」「한국민간신앙연구」「한
국무속도록」「한국의 신화」「한국의
무속」등 다수가 있다.

동신당

동신당

머리말

　동신 신앙(洞神信仰)은 마을을 수호해 주는 신을 마을 사람들이 공동으로 신앙하는 민간 신앙(民間信仰)의 한 형태이다.

　한국 재래의 전통적인 마을에는 이와 같은 동신 신앙이 전승되고 있어서, 매년 주기적으로 해가 바뀌는 정초에 마을 전체의 풍요와 건강을 빌기 위해 마을 사람들이 공동으로 동신제(洞神祭)를 올리고 있다.

　이런 성격의 동신제는 멀리 삼한(三韓) 시대의 제천 의식(祭天儀式)을 거쳐 단군 신화(檀君神話)에까지 그 연원이 올라갈 수 있어서 한국 전래의 기층 종교(基層宗教) 현상의 한 갈래로 보인다. 또한 동신 신앙 속에는 한민족이 살아온 생활사적 발자취가 그대로 간직되어 한국의 종교, 역사, 민속, 사회, 예술 등의 문화사적 맥이 흐르는 한국 기층 문화의 요람이라 생각된다. 따라서 이와 같은 동신 신앙 속에 흐르는 기층 문화의 맥은 국학(國學)의 방향을 정립해 나아가는 기틀이 되면서 또한 한민족의 미래상(未來像)을 가늠할 수 있는 자료로 활용될 수 있을 것이다.

서낭당 마을의 수호신으로 서낭신을 모셔 놓고 매년 동신제를 지내며 10년마다 한 번씩 당굿으로 범굿을 하는 서낭당. 경북 영덕군 영덕읍 화개동 소재. 1965년 5월 21일 촬영.

동신 신앙의 역사

　동신 신앙이 마을을 단위로 하여 동민(洞民)들이 합동으로 동신
(洞神)에게 올리는 공동제라는 제의(祭儀) 성격으로 보아 그 연원은
멀리 삼한의 제천 의식으로 소급될 수 있다.

　제천 의식에서 국중 대회(國中大會)로 며칠 동안 연일 밤낮을
쉬지 않고 술을 마시고 노래를 부르며 도무(徒舞)하면서 하늘에
제사하였다는 것은 오늘날의 중부 지역 동신제인 당(堂)굿에서
동민들이 모두 당에 모여 술을 마시고 즐기며 굿 도중에 무감을
서면서 함께 춤추고 흠뻑 취하는 오르기(orgy)와 통할 수 있다.
또 제천 의식과 동신제가 봄철의 농사 기원과 가을철의 추수 감사라
는 농경 의례의 성격을 띤 공동제라는 점에서도 맥을 같이하고 있는
것으로 볼 수 있다. 그러나 동신제와 맥을 같이하는 것으로 볼 수
있는 것이 문헌에 보이는 삼한의 제천 의식이고, 그와 같은 부족
공동의 농경 의례는 그 이전으로 보다 더 거슬러 올라갈 것으로
보인다.

　단군 신화에 나오는 신단수(神壇樹)는 오늘날의 동신당이 당나무
인 신수(神樹)와 제단(祭壇)이 복합된 형태와 흡사한 것으로 볼

가의도(價誼島) 마을 뒷산에 산신당을 모신 마을 전경. 충남 태안군 근흥면 가의도리
소재. 1986년 2월 19일 촬영.

수 있다. 따라서 동신 신앙의 연원은 단군 신화가 이야기되던 시기
로 올라갈 수 있다.

 한편 삼한의 마한(馬韓)에서는 소도(蘇塗)에서 천군(天君)이
농경 의례로 천신(天神)에게 제의를 주관하였다는 기록이 전한다.
그런데 마한의 판도가 오늘날의 호남 지역과 같고 또 마한이 50여
개의 국(小國)으로 나뉘어 있었다는 기록이 있다. 이러한 호남 지역
에 전승되고 있는 '단골' 무당이 그 지역을 여러 개의 단골판으로
나누어 소유하고 있는 점을 통해 천군과 단골, 소도와 호남 지역
당산(堂山) 신앙과의 관계를 추적한 연구 결과를 보면 호남 지역의
동신 신앙인 당산 신앙은 마한의 소도 신앙으로 올라가 연계되는
것으로 보인다.(金泰坤 '소도의 종교민속학적조명' 「馬韓·百濟文化」
12집, 157~184쪽, 원광대학교 마한·백제문화연구소, 1990)

 삼한의 제천 의식보다 밑으로 내려오는 공동 제의에 관련된 문헌

당산 정월 대보름날 당산제를 지내고, 마을 입구 입석 당산에 줄다리기를 한 줄을 감아 놓았다. 줄감는 것을 '당산 옷입힌다'라고 한다. 전북 김제읍 소재. 1972년 10월 10일 촬영.(오른쪽)

당산제 마을 입구에 서 있는 석조 입석(石鳥立 石) 당산에 줄다리기를 하고 난 줄을 감아 옷을 입히고, 제관들이 소지를 올리고 있다. 전북 부안 읍 동중리 소재. 1973년 2월 16일 촬영.(아래)

이 「삼국유사(三國遺事)」에 전하는 '가락국기(駕洛國記)'의 수로왕 신화, 박혁거세 신화의 촌장 회의가 제천의 부족 공동제 일면을 담고 있다.

고려나 조선의 기우제(祈雨祭) 등이 농경 의례의 성격을 띤 것으로 삼한의 제천 의식에서 오늘의 동신제로 이어지는 맥을 연결시켜 주는 것으로 보인다. 특히 고려나 조선의 기우제는 국가적 차원으로 승화된 농경 의례의 한 단면이었고, 농사를 위해 비가 내리기를 하늘에 빌었던 기우제는 최근까지도 민간에서 동제 규모로 많이 하고 있다.

민간의 동신 신앙이 음사(淫祀)로 배격되던 조선시대는 유교 체제여서 동신 신앙을 문헌으로 정리하여 전하는 것이 없다. 그러나 「조선왕조실록」 '태조 4년'에 "남산을 목멱대왕(木覓大王)으로 봉(封)하고 경대부(卿大夫)와 사서(士庶)가 여기에 제사하는 것을 금했다"는 기록이 있다. 이는 남산이 왕명에 의해 목멱대왕으로 봉해지기 전에는 남산에 제를 많이 드렸다는 것을 입증해 주는 자료가 된다. 그렇게 보면 남산신이 인근 주민들에게 신앙되면서 주민들에 의해 동신제로 제를 올렸을 것으로 볼 수도 있다. 그런데 「동국여지승람(東國輿地勝覽)」에 "목멱산 남산 정(頂)에 목멱산신사(木覓山神祠)가 있고, 여기에 매년 춘추(春秋)로 초제(醮祭)를 행하였다"는 기록이 있다. 그 초제라 한 것이 국가적 차원의 제의인지 또는 다른 규모의 큰 제의를 그렇게 부른 것인지는 알 수 없다. 그러나 만약 그 초제라 한 것이 관(官)이나 그 상위의 국가적 차원에서 행한 것이었다 해도 국가에서 돌연히 제정한 제의였다기보다는 전부터 민간에서 행해 오던 재래의 산신제를 큰 규모로 짜임새있게 재정비했을 가능성도 있어서 목멱산신에게 드린 제를 당시 인근 주민들의 동신제와 연관시켜 볼 수도 있다.

1700년대의 이규경이 쓴 「오주연문장전산고(五洲衍文長箋散稿)」

에 "목멱산(남산) 잠두봉에 국사당이 있어서 목멱산신을 제하고, 이 신당에 고려의 공민왕, 나옹(懶翁), 조선의 무학(無學), 서역(西域)의 승 지공(指空)상과 맹자(盲者), 소녀아(小女兒, 疫神)상 및 제신상(諸神像)을 걸었다"는 기록이 있다. 이런 신상은 무신도(巫神圖)의 신상으로 오늘날도 서울과 경기 일원의 무속과 동신을 모신 신당에서 일반적으로 봉안된 신상이어서 당시의 목멱산신을 제사지내던 국사당이 민간의 무속 내지 동신 신앙과 밀접한 관계가 있음을 말해 준다. 이 국사당은 1920년대에 서울 서대문구 현저동의 인왕산 중턱으로 옮겨와 현재에도 무당들이 굿을 하는 굿당으로 사용되고 있다.

지금까지의 논의를 통해 한국 동신 신앙의 연원은 단군 신화가 이야기되던 시기까지 올라감을 알 수 있다. 그런 동신 신앙의 형태와 절차, 규모 등에 관한 비교적 상세한 사례가 삼한의 제천 의식, 부여(扶餘)의 영고(迎鼓), 예(濊)의 무천(舞天) 등에서 나타나고 가야 건국의 수로왕 신화, 신라 건국의 박혁거세 신화 등에서도 나타난다. 고려, 조선의 기우제 역시 공동 목적으로 올리는 농경 의례의 한 갈래로 볼 수 있어서, 동신 신앙은 수천년을 두고 이어져 오고 있는 한민족의 기층 종교적 현상으로 전승되고 있다.

동신 신앙의 형태와 종류

동신의 성격

여기서 기초로 삼는 동신 자료는 저자가 1960년 8월부터 1991년 12월 현재까자 남한 각지의 무속 현장 조사와 함께 병행된 동신 신앙 조사 자료이다.

동신의 종류를 알아보기에 앞서 먼저 전제되어야 할 것은, 하나의 동신당 안에 10위(位) 내지 20위의 신상이 모셔져 있을 경우에 이 신상 전체를 동신으로 집계 분류하지 않는다는 점이다. 곧 그 가운데에서 동신당의 주신(主神)을 주대상으로 삼고, 여타의 신들은 무속에서도 일반적으로 신앙하는 신이기 때문에 뒤에서 한데 모아 부차적인 신으로 일괄하려고 한다. 예를 들어 '서낭당' 안에 주신인 서낭신과 그 밖의 지신, 산신, 장군신 등의 신상이 함께 봉안되어 있을 경우에 주신인 서낭신만을 일차적인 대상으로 삼고 지신, 산신, 장군신 등은 이차적인 신으로 뒤에서 일괄하려고 한다.

동신당은 본래 동민들이 신앙하는 신격의 명칭을 따라 산신을 신앙하면 산신당이라 하고, 서낭신을 신앙하면 서낭당이라는 이름이

14 동신 신앙의 형태와 종류

산신당 산등성이에 서 있는 당나무와 신당. 충남 천원군 광덕면 광덕리 태화산(泰華山) 소재. 1991년 12월 28일 촬영.(옆면 위)
서낭당 마을로 들어가는 입구 신림(神林) 속에 있는 전각 형태의 서낭당. 강원도 명주군 옥계면 낙풍리 소재. 1968년 1월 20일 촬영.(옆면 아래)
골매기당 마을 앞에 있는 당나무와 당집. 마을을 지켜 주는 골매기신을 모셔 두고 매년 동신제를 지낸다. 경북 울진군 기성면 척산 3리 소재. 1987년 4월 4일 촬영. (위)

붙여진다. 그 동신당 안에는 신앙하는 신명(神名)을 쓴 간소한 위패(位牌) 하나(또는 양위)를 모시거나 또는 위패도 없이 동신당만 있던 것이 뒷날 동민들의 신앙심이 확장, 강화되어 신상을 봉안할 때 주신상말고도 여타의 신상들이 부수되는 것이 상례이기 때문이다. 신수(神樹)만 있는 동신당이나 신수 밑에 자연석 제단(祭壇)만

서낭당 마을을 수호하는 서낭신을 모신 서낭당. 마을 입구에 서낭목과 당집이 있다.
경북 봉화군 법전면 소지리 소재. 1991년 12월 12일 촬영.(옆면)

산신당 산 위에 당집은 없고 신수로 소나무 1주만 있는 산신당으로 상당(上堂)에 해당
한다. 동신제 때 백지 1장을 감아 놓고 이곳에서 맨 먼저 제를 지낸다. 경기도 광주군
중부면 엄미리 소재. 1985년 3월 5일 촬영.(위 왼쪽)

서낭당 마을로 들어가는 길가에 누석단과 서낭목이 있고, 나뭇가지에 오색의 예단을
드린 헝겊이 매여 있다. 상당에서 제를 지낸 다음 이곳 하당(下堂)에 와서 다시 제를
지낸다. 경기도 광주군 중부면 엄미리 소재. 1985년 3월 5일 촬영.(위 오른쪽)

있는 동신당에는 나무로 간소하게 만든 위패조차 없다. 이와 같은 신수 밑에 당집을 지어 놓고 격식을 갖추게 되면 동신의 신명을 쓴 위패가 등장하고 여기서 더 발전하면 신상이 등장하면서 주신 하나만 그린 신상을 모시는 경우도 있지만 동민들의 신앙심이 확장, 강화되는 데에 따라 다른 신상들이 부수된다.

현재 한국에서 신앙되는 동신은 크게 자연신(自然神) 계통과 인신(人神) 계통으로 구분된다. 그 계통별 신명을 보면 다음 표와 같다.

계통별 신명

분류	계통별	신명
자연신 계통의 동신	천신계	삼황신, 천왕신
	성신계	칠성신
	산(山)신계	산신, 산신령, 국사(국수)신, 도당신, 능골당신, 할미당신, 도당할아버지신, 지신, 도당양위분신, 할아버지·할머니신, 봉화산할머니신
	지신계	토지신, 토왕신, 토주관, 골매기
	서낭계	서낭신, 성황신, 사신서낭신
	미륵계	미륵신
	용신계	용신, 용관신, 사해용신
	산(産)신계	삼신할아버지·할머니신
인신 계통의 동신	군왕계	단군신, 공민왕신, 태조대왕신, 세조대왕신, 뒤주대왕신
	왕비계	송씨부인신
	왕녀계	애기씨신, 각씨신
	장군계	김유신장군신, 최영장군신, 남이장군신, 관우신, 제갈무후신, 득제장군신
	부군계	부군신, 부강신, 붉은신, 부군할아버지·할머니신, 붉은할아버지·할머니신
	군웅계	군웅신, 구릉할아버지·할머니신
기타 계통의 동신	도교계	옥황상제, 토지지신, 여랑당칠성신, 노인(노성)신
	기타	이사(里祠)신, 대동할아버지신

앞에서 살펴본 것처럼 동신당에서 주신말고 이차적인 신으로 신앙되는 신의 예를 보면 다음과 같다.

서울 용산구 용문동 소재 남이장군당(南怡將軍堂)의 경우는 주신 인 남이장군신말고도 천신대감신(天神大監神), 삼불제석신(三佛帝釋神), 최영장군신, 별상신(別相神), 별상내외신(別相內外神)과 부군대감신(府君大監神), 맹인신(盲人神), 호구아씨신, 호구아씨양위신, 정주정씨신, 정주정씨부인신, 산신령내외분신, 토주관장군신 등이 있다.

서울 신당동의 '수풀당'에는 주신인 큰아씨, 작은아씨신말고도 대신, 무학대사신(無學大師神), 명성군신(明星君神), 용궁부인신(龍宮夫人神), 대궐할머니신, 대신할머니신, 서낭신, 관성제군신(關聖帝君神), 삼불제석신, 부처님, 별상신 등이 있다.

서울 삼성동 소재 '화주당'에는 주신인 매대왕신말고도 대신할머니신, 대신할아버지신, 임씨할머니신, 삼불제석신, 칠성신, 큰마님신, 작은마님신, 용장군신, 신장신, 곽곽선생신, 온씨사신(使臣)할아버지신, 사신할아버지신, 엄씨대신할머니신, 박씨대신할머니신 등이 있다.

동신당에서 신앙되는 이와 같은 이차적인 신은 삼불제석, 최영, 칠성(七星), 신장(神將), 팔상, 대신 등 무속에서 일반적으로 신앙되는 신과 또 그 동신당의 성격에 따라 관련된 신들로 구성된다. 이런 신들은 동민들의 신앙이 강화, 확장되어 감에 따라 이같은 이차적인 신들이 부수된 것으로 생각된다. 그래서 동신당의 주신은 자연신 계통으로 천신계, 성신계, 산신계(山神系), 지신계, 서낭계, 미륵계, 용신계, 산신계(産神系)로 구분된다. 인신 계통으로 군왕계, 왕비계, 왕녀계, 장군계, 부군계, 군웅계이며 기타 계통으로 도교계 등의 신들이 신앙되고 있다.

동신의 갈래 가운데 천신계의 삼황신(三皇神)은 환인(桓因), 환웅

남이장군당　마을을 지켜 주는 동신(洞神)으로 남이 장군을 모셔 동신제를 지내는 전각
　　형태의 신당이다. 서울 용산구 용문동 소재. 1990년 10월 10일 촬영.(맨 위)

남이장군 영정　남이장군당 내부에는 남이 장군을 비롯한 여러 신들의 영정을 봉안하
　　고 있다. 서울 용산구 용문동 소재. 1991년 11월 20일 촬영.(위)

(桓雄), 환검(桓檢)으로 보이고, 산신계(産神系)의 삼신할아버지·할머니신은 무가(巫歌)에서 삼신이 천상에서 지상에 내려온 신이기 때문에 자연 계통의 신으로 구분했다.

인신 계통의 동신 가운데 송씨부인은 단종비(端宗妃)로서 왕비계에 속하고 수풀당의 애기씨신 또한 왕녀계에 속한다. 이 애기씨신에는 "난리를 만나 공주가 피신을 하다가 신당이 있는 이곳 수풀 속에서 굶어 죽어, 그 가련하고 원한에 찬 공주를 애기씨신으로 모시게 되었다"는 신당의 연기 전설(緣起傳說)이 있기 때문에 왕녀계에 속한다고 본다.

동신의 성격은 동신이 앞에서 본 것처럼 여러 갈래의 다양한 신이지만 그 신들은 모두 사람의 모습을 한 인태(人態)로 현현(顯現)되면서 동민들을 보살펴 주는 자애로운 신으로 나타난다. 그러나 동민들은 동신이 있기는 있되 형상이 없어 바람이나 공기와 같은 무형 존재(無形存在)라 믿는다. 그러면서도 동신이 공간성을 띤 신상으로 표현될 때는 언제나 점잖고 위엄이 있으면서 나이가 많은 할아버지나 할머니(젊어서 죽은 남이 장군과 같은 특수한 경우는 제외)로 표현된다. 공간성을 띤 신상 표현 이전의 상상 속에서도 동신은 역시 점잖고 위엄이 있으면서 나이가 많은 노인으로 생각한다.

동신은 마을을 보호하기 위해 밖에서 마을 안으로 들어오는 잡귀(雜鬼)와 액(厄), 살(煞), 재앙(災殃) 등을 막아 동민들이 잘 살 수 있도록 보살펴 준다고 믿는다. 그러나 동신은 지극히 거룩한 존재여서 동신을 모신 신당 근처에도 제의(祭儀) 때가 아닌 평상시에는 접근할 수 없다. 만약 동신에게 부정한 일이나 금기(禁忌)를 어기는 일이 있으면 신벌(神罰)을 받는다고 믿어, 동신은 두려운 대상이 되기도 한다. 그렇지만 이때의 두려움은 신성(神聖)이 고조된, 신성의 극치로 해석될 수 있는 신성적 표현으로 보인다. 그래서 동민들은 동신이 비일상적(非日常的)인 만능(萬能)의 전지 전능(全知全能)한 영원 존재로 동민 편에 서서 마을을 보호하여 동민들이 잘 살 수 있게 보살펴 주는 무한 존재라 믿는다.

동민들이 매년 해가 바뀔 때마다 정초(正初)에 동신에게 올리는 제의를 통해 마을에 재액이 없이 일 년을 무사하게 넘기도록 해달라고 빈다든가, 가을에 농사가 잘 되고 상업도 흥성하게 해주어서 고맙고, 돌아오는 새해에도 또 그렇게 잘 살아갈 수 있게 해달라고 동신에게 비는 것이 모두 동신이 이렇게 만능의 전지 전능한 능력을 가지고 있다고 믿는 데에 근거한 것이라 생각된다.

동신당의 형태

한국에서 전승되고 있는 동신당 형태는 당나무만 있는 신수(神樹)를 '당(堂)'이라 부르는 신수 형태, 이와 같은 신수 밑에 장방형(100×60센티미터 안팎)의 자연석(自然石)으로 된 제단이 있는 형태, 신수 밑에 1칸 정도의 당집이 있는 형태 그리고 신수가 있거나 또는 신수가 없이 당집보다 규모가 크고 건물이 세련되어 지붕에 기와를 얹고 기둥과 도리 등에 채색을 한 형태 등 네 가지가 있다. 동신을 모신 동신당의 형태는 이와 같이 크게 네 가지로 구분될 수 있으며 우리나라 어디서나 볼 수 있는 형태이다.

1. 신수 형태
2. 신수와 제단의 복합 형태
3. 신수와 당집의 복합 형태
4. 신수가 있거나 또는 신수가 없이 전각(殿閣)이 있는 형태

이와 같은 형태의 동신당이 산업화 과정에서 어떻게 변화되어 가는가 알아보기 위해 서울 지역을 예로 들어보면 다음과 같다.

서낭당 마을로 들어가는 고갯길 가에 당나무와 그 밑에 돌로 된 제단이 하나 있다. 당나무에는 동신제를 지낼 때 감은 금줄이 감겨 있다. 강원도 춘천시 삼천동 소재. 1991년 12월 29일 촬영.

서낭당 마을로 들어가는 입구에 있는 당나무와 당집 형태의 서낭당.
스님이 땅에 꽂은 지팡이에서 잎이 피어나 자라서 이 당나무가 되
었다는 전설이 전한다. 경북 안동군 임하면 마령 1동 소재. 1985년
7월 24일 촬영(배경 사진)

국사당 서울 인왕산 중턱에 있는 국사당. 기와를 얹은 지붕의 진각이
세련되어 보인다. 서울 서대문구 현저동 소재. 1964년 5월 2일 촬
영.(위)

저자가 서울 지역의 동신당을 조사한 1964년도 자료(「韓國神堂研究」)에는 이 네 가지 형태의 동신당이 있었다. 그런데 장주근의 1972년도 자료 '서면(書面) 조사에서 파악된 제당(諸堂) 일람표'에는 67건의 동신당 형태 가운데 신수(神樹) 형태가 8개, 신수와 제단 형태가 1개이고 나머지 58개가 모두 전각 형태이며 간혹 블록, 슬레이트 건물도 있었다. 이 두 자료(1964년도 조사와 1972년도 조사 자료)를 통해 서울 지역 동신당의 형태가 변화되었다는 것을 알 수 있다.

저자의 조사가 당시 서울 전역의 통계 자료가 아니었다는 점과 1972년도의 자료가 행정망을 통한 간접적인 서면 조사여서 발생하는 문제가 있다. 곧 신수와 당집 또는 전각이 복합되어 있는 형태인데 조사 질문지에 '당형태(堂形態)'라니까 건물만 기록하고 신수는 빼놓고 보고한 것인지, 아니면 신수 밑에 제단이 복합되어 있는 것을 신수만 기록해 보고한 것인지 그 자세한 내용을 알 수 없어서 그 변화 과정을 추적하는 데에 정확성을 기대하기는 어렵다. 그러나 1972년도의 조사 자료는 행정망을 통한 간접적인 서면 조사라도 이 자료가 당시 서울 지역 전역의 집계 자료였기 때문에 이 자료를 기준으로 변화 과정을 유추할 수밖에 없다. 곧 일련 번호 7번 동대문구 답십리동 294번지, "당명은 도단제(都壇祭), 당형태가 대지(垈地) 319평"이라고만 기록되어, 이것이 아무것도 없는 대지뿐인지 또는 이 대지 위에 신수가 있는데 대지만 기록해 보고한 것인지 알 수가 없어서 간접적인 서면 조사의 유동성이 있기도 하다.

필자의 1964년도 조사 당시 답십리동의 이 동신당은 주민들이 '도당'이라 불렀고, 형태는 나지막한 야산 등성 줄기의 약 300여 평 가량의 공지(空地)에 괴목 2주(株)가 있고 그 밑에 약 2평 가량의 제단을 시멘트로 발라 층을 이루게 하였었다. 이와 같은 동신당 형태가 1972년도 조사 당시에는 신수가 없어지고 대지만 남은 것인지도 모른다.

앞에서 본 동신당의 형태에도 모두 신수가 기본적인 공통형으로 있다. 신수가 이렇게 기본이 되는 것으로 보아 동신당의 형태가 신수를 기반으로 여기에 제단이 당집으로, 당집이 전각으로 점차 복합, 발전된 것으로 보인다. 신수를 동신의 상징으로 신성시하며 신수 밑에 제물을 바치고 동제를 지내던 것이, 신수 밑에 제단을 마련해 신앙이 강화되고, 여기서 더 발전해 신수 밑에 신이 거처한다고 믿는 당집을 짓게 된다. 이와 같은 당집이 발전되면 보다 규모가 큰 전각 형태가 되는 것으로 보인다. 그래서 신수가 동신당 형태의 기본이 되는데, 가끔 신수가 없는 무형(無形)의 평지만 있거나 신수가 없이 당집이나 전각만 있는 예외의 형태도 있다.

신수가 없이 평지만 있는 형태의 동신당은 저자가 1964년 조사 당시 영등포구 흑석 2동 산 88번지 국군묘지 담(블록 담) 옆 야산 등성이었는데, 주민들은 이곳을 산신당이라 부르며 여기서 동신제를 지냈다.

이와 같은 평지 형태의 동신당은 원래 이 야산이 신성(神聖)의 상징으로 신앙의 대상이 되어 그 산 위에서 직접 동신제를 지내던 것으로 볼 수도 있다. 또 그런 산 위의 신수 밑에서 동신제를 지내던 것이 국군묘지 담장 공사를 하면서 신수를 베어내서 신수가 없어진 채, 그 담장 옆 신수가 있던 옆자리에서 그대로 동신제를 지냈던 것으로 볼 수 있는 두 가지의 경우를 생각할 수 있다. 그러나 전자보다는 후자의 경우일 것으로 생각된다. 전국적인 동신당의 형태를 보면 신수가 기본적으로 있고, 산 위에 있는 산신당의 경우도 대체로 신수가 있기 때문이다. 신수가 없이 당집이나 전각만 있는 형태의 동신당은 신수가 고목이 되어 죽었거나 도시화로 당집만 겨우 1칸 정도가 주택 옆이나 뒤꼍에 남은 것으로 보인다. 전각 형태의 경우도 동신당의 성역(聖域)이 제대로 보존되지 못했을 경우에는 신수가 서 있는 공터에 주택이 들어서고 전각만 남아 있어서 신수가 없어지게 된 것으로 보인다.

서대문구 홍제동 무학재 너머 길 옆에 있던 사신(使臣)서낭당은 도로 확장 공사로 당이 헐리자 길 건너 안산 밑으로 당을 옮기면서 원래 있던 신수의 아래 둥치 약 20자 길이의 죽은 나무를 새로 옮긴 당 입구에 옮겨다 세워 신수를 소중하게 보전하고 있다.

동제당의 성역이 보존되어 있는 이태원의 부군당, 용문동의 남이 장군당, 인왕산의 국사당 등은 1988년 현재에도 신수가 잘 보존되어 있다. 그리고 이와 같은 전각 형태의 동신당에는 대체로 신의 모습을 그림으로 그린 무신도 형태의 신상들이 걸려 있다.

이런 동신당의 형태는 신수만 있는 형태에서 전각이나 그 안에 신상을 건 형태까지 다양하지만 그 초기적 기본형은 신수로부터 여기에 제단, 당집, 전각 등이 복합, 발전해 간 것으로 보인다. 그래서 동신당 형태의 초기적 기본형을 신수로 잡아볼 수 있는데, 신수가 이렇게 동신당에서 중요한 위치에 있는 것은 수목 숭배에 연원을 둔 것이기 때문이다. 기록상으로는 단군 신화에 나오는 신단수, 소도의 입간 신앙에까지 올라갈 수 있다.

수목이 그렇게 신앙의 대상이 되는 원인은 천상과 지상(또는 지하)을 잇는 우주의 축(軸)으로 산과 함께 나무가 중심의 상징으로 신성하게 여기기 때문이다. 또한 잎이 졌다가 다시 피어나는 나무의 단절 없는 생명의 재생적 순환성을 영원한 것으로 보고, 종말이 있는 순간적인 세속(世俗)의 반대쪽에 있는 영원 쪽에 나무가 있다고 믿기 때문이다. 나무를 신성의 상징으로 본 민간 사고가 문제의 실마리를 풀어갈 수 있는 열쇠가 되는데, 여기서는 수목 숭배의 연원이나 동신 신앙의 기원을 따지는 자리가 아니기 때문에 성격상 거론하지 않기로 한다.

국사당 당나무에 오색의 헝겊을 잡아매어 신께 드린 예단(禮緞). 수목은 우주의 축으로 신앙의 대상이 되는 까닭에 신성하게 여겨진다. 서울 서대문구 현저동 소재. 1971 년 8월 3일 촬영.

동신당의 종류와 분포

동신당은 신앙하는 동신에 따라 동신당의 성격과 명칭이 결정되기 때문에 동신당의 종류는 앞에서 본 동신의 종류와 일치한다. 여기서는 동신당이 지역에 따라 집중적으로 분포된 동신당의 지역적 분포 문제에 비중을 두어 논의하려고 한다.

동신당의 지역적 분포는 대체로 다음과 같다.

국수당과 산신당, 서낭당은 전국적으로 분포되어 있는 동신당으로 보이고 그런 가운데에도 호남 지역에는 '당산(堂山)'이라 부르는 동신당이 집중적으로 분포되어 있다. 영남 지역의 동해안을 끼고 남해안으로 이어지는 동해, 김해 등지의 지역에는 '골매'라 부르는 동신당이 집중적으로 분포되어 있다. 그리고 제주도에는 '본향당(本鄕堂)'이라 부르는 동신당이 많이 분포되어 있다. 서해안 지역의 어촌 등지에서는 동신으로 풍어신(風漁神)의 상징인 임경업(林慶

골매기당 마을의 수호신인 골매기신을 모신 동신당. 경남 울산시 황성동 소재. 1987년 7월 20일 촬영.

당굿 골매기당 앞에서 골매기굿을 하는 무당. 경남 양산군 일광면 칠암리. 1976년 2월 26일 촬영.

業) 장군을 신앙하는 '임장군당'이 많이 분포되어 있는 한편 서울과 경기 일원에는 '부군당'이 많이 분포되어 있다. 이 밖에 해안 지역에는 '용신당'이 분포되어 있다.

이와 같은 동신당의 분포를 통해 다음 몇 가지 문제를 생각할 수 있다.

첫째, 국수당, 산신당, 서낭당은 전국적으로 분포되어 있는 보편적인 동신 신앙 형태이다. 특히 중부 지역에서는 이 세 종류의 동신당이 한 마을에 복합 신앙되어 마을의 배후 높은 산정에 국수당이 있고 그 산 중턱에 산신당이 있다. 또 밖에서 마을로 들어오는 동구 (洞口)에 서낭당이 있으면서 그 옆에 장승과 솟대가 함께 있는 예가 많았는데, 근자에 이르러 국수당과 장승, 솟대가 점차 인멸되어 산신당과 서낭당만 남아 있는 마을들이 많은 것으로 보인다.

둘째, 호남 지역에 집중적으로 분포되어 있는 당산은 산신을 신앙하는 산신당의 변형 형태로 볼 수 있다. 산신을 위하는 당산(堂山) 관념이, 산이 없는 호남의 평야 지대에까지 확장되어 당나무 신수 밑에 자연석 제단 하나를 놓은 것도 통상적으로 당산이라 부르게 되었을 가능성이 있다. 이렇게 보면 산신을 신앙하는 산신당의 기반은 호남 지역 당산 신앙의 저층에까지 깊이 자리잡고 있는 것으로 볼 수도 있다.

당산 당산할아버지와 당산할머니로 모시며 동신제를 올리는 석상(石像). 전북 부안읍 서외리 소재. 1972년 8월 23일 촬영.

셋째, 영남 동해안 지역의 골매기당, 서해안 지역의 임장군당, 제주도의 본향당, 서울, 경기 일원의 부군당 등이 지역적 특수성을 보이는 동신 신앙이다. 골매기당은 그 골(谷) 마을을 수호해 주는 터신과 방어신을 신앙하고, 임장군당은 풍어 전설에 기반을 둔 어업 시조(漁業始祖) 신앙으로, 부군당은 지역 수호와 풍요 신앙으로, 본향당은 근원 상징 신앙으로 각기 그 성격을 찾아볼 수 있다. 한편 그와 같은 동신 신앙이 어떻게 해서 지역적 특수성을 갖게 되었나 하는 문제는 앞으로 더 논의되어야 할 과제로 남는다.

당산 풍어의 신으로 임경업 장군을 모신 임장군당(靈堂)이 있는 당산에 풍어를 기원하는 뱃기를 올렸다. 충남 서산군 부석면 창리 소재. 1985년 2월 4일 촬영.

기 올림 당주집에 세웠던 뱃기를 선주들이
들고 당에 오르기 위해 바닷가를 돌아 당에
가고 있다. 충남 서산군 부석면 창리. 1985
년 2월 4일 촬영.

넷째, 서낭당은 명칭상으로 중국의 '성황'과 유사하고 또 형태상으로는 몽골(Mongol)의 '오보(Ovoo)'와 흡사하여 여기에 관련된 보충적 논의가 필요하다. 서낭과 성황이 명칭상으로 유사하여 서낭을 한자로 '성황(城隍)'이라 표기하는 예가 있어서 서낭과 성황이 가끔 혼선을 빚기도 한다. 그러나 민간에서는 '성황'이라 부르는 예가 없이 언제나 그 원래의 명칭 그대로 '서낭'이라 부른다. 서낭을 '성황'이라 부르는 예가 있다면 그것은 한학에 일가견이 있는 한학층이거나 전각 형태의 서낭당에 현판을 써 붙여야 할 경우에 '성황당(城隍堂)'으로 표기한 예이다.

서낭 신앙은 '산왕(山王)'이 '선왕'으로, '선왕'이 '서낭'으로의 변이 과정을 거쳐서 정착된 명칭으로 그 신앙의 구성 내용은 산신 신앙과 밀접한 관계에 있는 것으로 보인다.

한편 성황 신앙은 중국의 성지(城池) 신앙, 성(城)을 방어하기 위해 성의 외곽에 해자(垓字)를 파서 그 파낸 흙을 해자 밖에 쌓은 흙더미에 방어적 의미를 부여해 신앙하는 것인데, 문헌상으로는 이 중국의 성황 신앙이 고려 문종 때 들어왔다고 전한다. 길을 가는 사람에게 잡귀를 물리쳐 가는 길을 보호해 주고, 마을로 들어오는 잡귀와 액운을 막아서 보호해 주는 한국 재래의 서낭 신앙과 중국 전래의 성황 신앙이 다 같이 신앙의 구성 내용과 또 서낭, 성황의 명칭이 비슷한 관계로, 서낭을 성황이라 부르는 예가 있게 되었을 것이라 생각된다. 오래 된 옛 읍지(邑誌)의 '사묘조(祀廟條)'에는 반드시 국사단(國社壇), 여제단(厲祭壇), 성황단(城隍壇)이 있어서 관(官)의 주도로 제를 올렸다는 기록이 있는데 이때의 성황단제는 중국식의 성황 신앙과 관련이 있었을 가능성도 있다. 그러나 민간에 전승되는 서낭 신앙은 성황과는 관계가 없다.

서낭당의 일반적 형태는 자연 잡석을 긁어 모아 쌓은 돌무더기로 된 원추형의 누석단(累石壇)과 여기에 신수(神樹)로 서낭나무가

서낭당 잡석을 모은 돌무더기의 누석단(累石壇). 충북 옥천군 청성면 화성리 소재.
1991년 12월 15일 촬영.(맨 위, 위)

36 동신 신앙의 형태와 종류

있는 것이 특징이다. 이와 유사한 형태의 동신당이 몽골에도 있으면서 그 신앙 구성 내용이 또한 유사하여 서로의 관련성이 주목된다.

1990년 7월 25일부터 8월 10일 사이에 저자가 내몽골과 외몽골의 민속 현장 답사에서 조사된 오보 신앙을 집약해 보면 다음과 같다.

오보 신앙은 마을 또는 구역 단위의 공동 신앙이고, 신앙 대상인 신격은 마을 또는 구역을 수호해 주면서 여행의 안전을 지켜 주는 기능도 가진 노신(路神)이다. 오보의 위치와 형태는 길 옆 또는 초원의 구상(丘上), 구원(丘原)에 오보가 단독으로 있거나 대여섯 개가 일자로 늘어서 있는 예도 있다.

그 형태는 자연 잡석을 난적(亂積)한 원추형의 누석단으로 꼭대기에 지름 4센티미터, 길이 2미터 안팎의 버드나무 막대기를 꽂고, 그 윗부분에 사방 40센티미터 안팎의 흰색 또는 주황색 헝겊에 라마교 경문 문구를 쓴 것을 잡아매었다. 이 기폭과 같은 헝겊에는 경문이 쓰여 있지 않은 것도 많다.

오보의 기능은 마을 또는 구역을 수호해 주면서 주민들의 안녕과 건강, 풍요, 행운, 가축 번식을 보살펴 주고 여행의 안전을 도와 준다. 오보의 제의 형태는 여행 도중에 길 옆에 있는 오보를 지나가게 될 때, 오보 주위를 오른쪽으로 3바퀴 돌며 주위에 흩어진 돌을 주워 얹고 행로의 안전을 기원하고 그 위에 차(茶), 담배, 돈 등을 놓는다.

내몽골의 올더스에 있는 정착 마을에서는 설날 아침 10시경에 마을 사람들이 모여 오보에 제를 올리는데, 그 제의는 오보 주위에 흩어진 돌을 주워 얹고 그 돌무더기 위에 제물로 양고기, 유차(乳茶) 등의 음식을 올려 놓고 소원을 빈다.

이와 같은 몽골의 오보 신앙은 한국의 서낭 신앙과 매우 비슷하다. 형태와 위치, 기능에서 양자가 다 잡석을 난적한 원추형의 누석단으로 되어 있고 나무에 헝겊을 잡아매고 길 옆에 위치해 마을을 수호하고 여행의 안전을 도와 주는 것 등이 거의 같다. 한국이 대륙과 접해 북방 문화권에 있고 또 한민족의 북방으로부터의 이주와 역사상에 나타난 몽골을 비롯한 북방 민족들과의 교류 등을 고려한다면 서낭당의 형태는 오보와 맥을 같이하는 신앙 형태로 볼 수도 있다. 그래서 서낭당은 한국 재래의 산신 신앙과 오보의 복합 형태로 볼 수 있는 요인을 내포하고 있다.

다섯째, 동신 신앙의 보편적인 형태로 국수당, 산신당, 서낭당이 있는데 이 세 가지 신당 신앙이 한국 동신 신앙의 기본적 형태로 한 마을에 복합 신앙되면서 여기에 장승과 솟대 신앙이 추가 복합된 것으로 보인다. 동신 신앙의 발전 단계상으로 본다면 국수당에서 산신당으로, 산신당에서 서낭당으로의 순위로 볼 수 있다. 마을의 배후 제일 높은 산꼭대기, 그래서 하늘과 제일 가까운 곳에 국수당을 마련해 천상의 신을 지상에 모셔 마을을 보살펴 주게 하였다. 뒤에 그와 같은 산 전체가 신성하게 여겨지면서 신격이 형성되어 산신을 신앙하게 되었을 것이고, 다음에는 이와 같은 산신을 동구에 모시는 서낭 신앙이 형성되어 밖으로부터 마을로 들어오는 잡귀와 액운 등을 막아내려 했을 것이라 생각된다. 이렇게 보면 천상의 신이 최초로 지상에 내려와 정착하는 단계가 국수당 신앙이고 그 연장 선상에서 산신당, 서낭당 신앙이 형성된 것으로 볼 수 있다. 천상신이 하강하는 산꼭대기는 단군 신화의 신단수, '가락국기'의 구지봉(龜旨峰)에서도 신화로 말해 주고 있다.

장승제 3년마다 한 번씩 장승을 새로 깎아 세우고 마을이 평안하게 해달라고 비는 장승제의 떡시루와 제물. 경기도 광주군 중부면 엄미리 소재. 1985년 3월 5일 촬영.(옆면)

동신의 신체(神體)

동신당에는 대체로 신의 이름을 쓴 위패, 목우(木偶)나 토우(土偶), 가면(假面), 돌, 꿩의 깃털 묶음, 신간(神竿), 신의 모습을 그림으로 그린 신상 등이 동신의 신체로 상징되어 봉안된다.

신수나 신수에 제단이 복합된 동신당에는 신체라 할 만한 어떤 것도 없어 신수가 신체의 상징으로 여겨진다. 신수에 당집이 복합된 동신당에도 신체라 할 만한 것이 없이 그대로 비어 있다가 동신제를 지낼 때만 백지에 "○○ 신위"라 붓글씨로 쓴 지방(紙榜)을 벽에 붙여 제를 지낼 때에만 신체 구실을 하는 예도 있다.

이와 같은 지방 형태의 신체를 임시로 모시는 동신당의 전형적인 것으로는 1964년 조사 당시 성동구 사근동 소재의 남이장군당(초옥 1칸)을 예로 들 수 있다. 위패를 신체로 모신 동신당은 조사 당시 영등포구 본동 소재 이사당(里祠堂)의 "상산토지신위(上山土地神位)"라 쓴 위패를 전형적인 예로 들 수 있다. 그리고 토우에 속하는 미륵을 신체로 모신 동신당은 역시 조사 당시 서대문구 홍제동 소재 할미당의 한쪽에 신상과 함께 모신 '미륵님'(높이 40센티미터 가량)과 역시 조사 당시 영등포구 본동 소재 용궁당에 신체로 봉안된 '미륵님'(높이 30센티미터 가량)을 전형적인 예로 들 수 있다. 또한 신의 모습을 그림으로 그린 신상을 신체로 모신 동신당은 전각 형태의 동신당들인데 앞에서 예시된 용문동 소재의 남이장군당을 비롯한 이태원동 소재의 부군당, 홍제동 소재의 사신서낭당과할미당 (1974년경 폐당), 강화군 내가면 황청리 소재의 임장군당(1964년 현재), 충남 태안군 부석면 창리 소재의 영신당, 충남 태안군 안면읍 황도 소재의 서낭당 등에 걸린 신상들을 전형적인 예로 들 수 있다.

국수산(옆면 위)
국수당 터 위의 국수산 정상에 돌로 쌓고, 지붕을 얹은 1칸 정도의 국수당이 있었으나 지금은 허물어지고 빈 터만 남아 있다. 경기도 강화군 내가면 황청리 소재. 1985년 11월 7일 촬영.(옆면 아래)

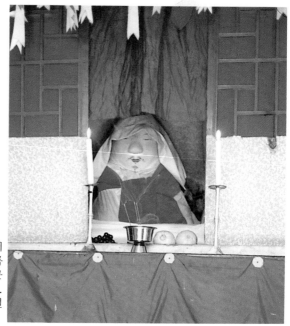

할미당 미륵님 할미당에 모신 미륵님. 서울 서대문구 홍제동 소재. 1967년 7월 7일 촬영.

한편 전각 형태가 아닌 와옥(瓦屋) 1칸 정도로 당집 형태에 해당하는 동신당에 신상을 신체로 모신 곳은 용산구 효창동 소재의 부군당이다. 부군 내외분의 모습을 그림으로 그린 신상을 벽에 걸고 동민들이 부군신의 신체로 신앙하여 동신당에 봉안한다.

앞에서 동신당에 봉안된 신체가 여러 가지 형태로 다양하다고 했는데, 이같은 신체 상징은 대개 다음 몇 가지 유형으로 나타난다.

문자(文字) 상징 문자로 동신의 이름을 써서 신체로 상징하는 것인데 위패와 지방이 여기에 해당된다.

자연물 상징 교묘하게 생긴 돌(또는 길쭉하게 생겨 세워 놓을 수 있는 높이 30센티미터 안팎의 돌), 꿩의 깃털 묶음, 신간(神竿) 등을 동신의 신체로 상징하는 것이다.

할미당 서낭나무 할미
당 뜰 안 서낭목에
건 오색의 헝겊 예단.
서울 서대문구 홍제동
소재. 1967년 7월
7일 촬영.

  조각(彫刻) 상징 동신의 신체를 조각하여 신으로 상징하는 것인
데, 목우, 토우, 가면 등이 여기에 해당된다.
  회화(繪畫) 상징 동신의 신체를 그림으로 그려 신으로 상징하는
것인데 무신도 계통과 흡사한 신상이 여기에 해당된다.

신체 상징의 네 가지 유형은 신을 관념적으로 막연하게 상상하던
것을 현실 속에 실재하는 구체적 형상으로 옮겨 놓은 것이다. 문자
상징형은 유교적(儒教的) 양식이고, 자연물 상징, 조각 상징, 회화
상징형은 재래적 양식으로 보인다. 그리고 신앙심의 강화 확장으로
자연물 상징에서 조각이나 회화 상징으로 또는 문자 상징에서 회화
상징으로 발전되어 간 것으로 보인다.

동신제(洞神祭)

동신제의 목적과 시기

동신제가 농촌에서는 풍년의 기원과 재해의 방지, 어촌에서는 풍어의 기원과 해상 사고의 방지에 주목적이 있다. 도시와 그 주변 지역은 농촌도 어촌도 아니어서 이와 같은 풍년이나 풍어에 목적이 있는 것은 아니다. 서울을 예로 들면 과거에 4대문 밖의 서울 변두리 농촌 지역에서는 풍년을 기원하는 목적도 있었다. 그러나 그런 지역이 도시가 된 오늘날의 서울 지역은 질병과 화재를 비롯한 재액으로부터 벗어나 마을 전체가 평안하여 동민들이 잘 살 수 있고, 집집마다 하는 일이 잘 되고, 시장 주변의 주민들은 특히 상업이 잘 되기 위해서 동신에게 제의를 올리며 기원한다. 그래서 서울 지역 동신제의 목적은 마을 전체의 풍요와 건강으로 동민들이 잘 살 수 있도록 기원하는 것으로 집약된다. 도시 지역 이외의 농촌, 어촌에서는 요즘도 과거와 변함없이 풍년과 풍어, 건강, 마을의 평안을 위해서 동신제를 올리고 있다.

동신제 시기는 음력 정초(正初)에 택일(擇日)하여 정월 2, 3일

경이나 14일에 하는 예가 많다. 또 음력 4, 5, 7, 9, 10월 초에 택일해서 하는 데도 있으며, 군왕(君王)이나 장군 등 인신을 동신으로 모신 동신당에서는 그 해당 인물의 탄일(誕日)이나 기일(忌日)에 제를 올리는 곳도 있다.

앞에서 예시한 이태원 '부군당'은 음력으로 4, 7, 10월에 택일해서 동신제를 지내는데, 4월에는 무당을 데려다가 당굿을 하고 7월과 10월에는 제관들이 제만 올린다. 청수골 '서낭당'의 동신제는 음력 7월 1일에 하고, 신림동 '도당'은 음력 10월 초에 택일해서 동신제를 올린다. 삼성동 '화주당'에는 홍장군을 주신으로 모시고 장군의 탄일인 음력 7월 3일에 제를 올린다.

이와 같은 정기적인 동신제말고도 마을에 전염병이 돌거나 화재가 자주 나서 마을 전체에 위험이 따를 때는 동회(洞會)를 열어서 협의하여 동신제를 지낸다. 이러한 경우는 극히 드문 예외의 임시적인 동신제이다. 그래서 동신제가 시기적으로 보면 정기제와 임시제의 두 가지가 있고, 정기제는 매년 같은 시기에 같은 의미의 동신제가 똑같이 이루어져 해(年)의 순환에 따른 주기적 제의가 된다. 동신제의 주기성이 가지고 있는 의미는 뒤에서 다시 논의하고자 한다.

전국적으로 전승되고 있는 동신제는 당제와 당굿의 두 가지 유형으로 구분된다. 당제는 동제라 부르기도 하는데, 마을에서 동회를 열어 제관을 선출하여 제관들이 동신당에 제를 올리는 것이고, 당굿은 대대적인 동신제로 무당을 불러다가 굿으로 동신에게 제의를 올리는 것이다.

당제는 삼헌(三獻)과 독축(讀祝)으로 유가(儒家)의 제례(祭禮)에 준하고, 당굿은 재래의 무속 제례인데, 당굿으로 동신제를 올리는 동신당에도 먼저 당제부터 지내고 당굿을 하여 유식(儒式)과 무속이 복합된 이중 제의의 형식이 된다. 뒤에서 보게 될 충남 태안군 부석

산신제 동신제로 올리는 산신제에서 축관이 축문을 읽고 있다. 충남 금산군 추부면 신탑리 2구 소재. 1991년 2월 28일 촬영.

면 창리 국수당의 제의를 비롯한 중서부 해안 지역의 국수당 제의는 삼헌과 독축이 없이 메를 올리고 절을 하고 나서 소지를 올리는 형식이어서 유가식의 제의와 구별되는 예도 있다. 또 당굿은 동신제를 성대하게 올릴 경우에 무당을 데려다가 굿을 하는 것이어서, 동신제에서 당제(堂祭)를 기본적인 제의로 볼 수 있다. 그래서 당제는 간소하게 올리는 규모가 작은 동신제이고, 당굿은 성대하게 큰 규모로 올리는 동신제인데, 현재 동신제는 경비 관계로 규모가 큰 당굿 형식은 많지 않고 대부분 당제 형식으로 제를 올리고 있다.

지금까지 앞에서 보아 온 당제와 당굿은 동민들이 합동으로 동신제를 올리는 마을의 공동제(共同祭)이다. 이 밖에 개별적으로 집안에 일이 있어서 곧 몸이 아프다든가, 하는 일이 잘 안 된다든가, 재수를 비는 등의 개인적인 사정으로 동신당에 제를 올리며 소망을 비는 예도 있다. 이런 개별적인 제의는 개인제(個人祭)로 성격상 마을 공동의 동신제와는 구별된다. 그래서 동신제는 마을 대동(大同)을 위한 마을의 공적(公的) 성격을 띤 대동제로 볼 수 있다.

동신제의 진행 실태

당제

동신제를 지낼 때는 제를 지내기 3일 또는 7일이나 15일 전에 마을에서 동회를 열어서 협의해 제관을 선출한다. 제관은 정결하고 나이가 많은 마을의 원로로 생기 복덕(生氣福德)을 가려서 2, 3명을 뽑는다. 간략하게 지내는 당제에서는 제관을 한 사람만 뽑는 예도 있지만 제관은 대체로 제주(祭主) 1명, 집사(執事) 1명, 축관(祝官) 1명으로 모두 3명을 선출한다. 2명의 제관을 선출할 때는 제주 1명과 집사 1명을 선출하여 제주가 축관까지 겸하게 된다.

제관들은 제관으로 선출된 그날부터 곧 금기에 들어가 집 밖의 출입을 제한하고 언행(言行)을 조심한다. 또 육, 어류를 먹지 않고 술과 담배를 끊으며 매일 찬물로 목욕 재계하면서 부부가 한방에 들지 않고, 출입문 밖에 금(禁)줄을 매고 황토(黃土)를 펴서 외부 사람이 집 안으로 들어오는 것을 금지한다.

한편으로는 제관의 선출이 끝난 즉시 마을의 원로들이 동제당에 금줄을 치고 황토를 펴서 잡인들의 출입을 막는다. 마을 입구에도 금줄을 치고 황토를 펴서 부정이 있는 다른 마을의 사람들이나 다른 곳의 사람들이 마을 안으로 들어오는 것을 제한한다. 선출된 제관들은 자기 집에 금줄을 치기 전에 먼저 동신당부터 금줄을 치고 황토를 펴기도 한다.

제주의 집을 '도가(都家)' 또는 '당주(堂主)'라 부르기도 하는데,

남이장군당 당제 동신제로 올리는 남이장군당제에서 제관이 잔을 올리고 있다. 서울
용산구 용문동 소재. 1991년 11월 30일 촬영.(맨 위)
서낭당 금줄 동신제로 올리는 서낭당제 때 부정을 막기 위해 띄운 금줄이 당집에 걸려
있다. 경북 봉화군 법전면 소전리 소재. 1991년 12월 12일 촬영.(위)

제수(祭需)는 제주집에서 장만하여 집사가 운반하고, 제비(祭費)는 마을에서 공동으로 추렴한다. 그리고 동신당에는 마을에서 선출되어 금기를 마친 제관들만 가서 제를 지내고, 그 밖에는 아무도 동신당에 가서는 안 된다. 동민들은 제관 외의 다른 사람들이 동신당에 가면 부정을 타서 동신제가 무효하고 도리어 마을에 화(禍)가 미친다고 믿는다.

현장에서 관찰된 동신당의 당제 진행 실례를 보면 다음과 같다.

부군당 당제

부군당의 위치와 형태;이태원 1동 마을 배후 산 위의 괴목 신림(神林) 속에 위치한다. 신당 부지 약 600평, 16평의 단청을 한 전각으로 된 건물이 있고 그 옆으로 밑에 부엌 1칸과 방 2개가 있는 제를 준비하는 집 한 채가 있는데, 이 집을 '도가'라 부른다.

제신;부군신. 이 밖에 산신, 삼불제석, 별상, 대감, 장군, 군웅, 기마장군, 창부, 호구, 가망, 걸립 등 12위의 신상이 봉안돼 있다.

제의 목적;마을의 제액 초복(除厄招福)

제일(祭日);음력 정월, 4, 7, 10월에 택일한다. 정월과 4월에는 무당을 데려다 당굿을 하고 7월과 10월에는 제관들만 당제로 동신제를 지낸다.

제관;동회를 열어 선출된 12명의 제관이 고정되어 있다. 이곳에서는 제관을 '화주(化主)'라 부른다. 화주가 사망하거나 부정한 일이 있으면 동회를 열어 생기 복덕을 가려서 선출하여 보충한다. 홀아비나 불구자는 제관이 될 자격이 없다. 또 집에서 출산하거나 초상이 나도 제관이 될 수 없다.

제관은 수화주(首化主) 1인, 서기(書記) 1인, 평화주(平化主) 10인으로 구성된다.

수화주는 제의 일체를 관장하고 평화주를 지휘 감독한다. 서기는 동신제에 드는 경비 일체를 맡아 추렴하고 결산하는 일을 한다.

평화주는 제의의 조역을 하며, 수화주의 유고시에 평화주 가운데 연장순으로 뽑아 수화주의 임무를 대행한다. 조사 당시 제관의 명단을 보면 다음과 같다.

　수화주—이성남(남, 72세, 이태원 1동 현지 거주, 이하同)

　서기—공해성(남, 55세)

　평화주—이수봉(남, 67세), 이재룡(남, 63세), 박순봉(남, 57세), 정문태(남, 59세), 최돈민(남, 58세), 박덕성(남, 62세), 송철규(남, 58세), 양천운(남, 58세), 이계성(남, 75세), 성헌식(남, 54세)

　제물 ; 메, 주(酒), 삼색 실과(三色實果), 편(餠), 채(菜), 통돼지.

　제의 순서 ; 음력 12월 초에 동회를 열어 결원인 제관을 보궐 선출한다. 제관은 제의 준비로 들어가 동네를 돌며 제비를 걷는다. 제비는 이태원 1, 2동의 1,000호에서 약 10만 원이 걷힌다. 이때부터 제의 준비는 12명의 화주(제관)가 맡아서 한다. 이 12명의 제관들은 제 15일 전에 대동우물을 퍼내고, 왼새끼로 꼰 금줄에 백지 3×30센티미터 정도로 잘라서 군데군데 30센티미터 가량의 간격으로 끼운 것을 친다. 또 황토를 펴서 사람들의 접근을 금지시키고 우물에 새로 고인 물로 '조라'(신께 올리는 술)를 모신다. 이렇게 제주(祭酒)를 담그는 것을 '조라 모신다'고 하는데, 조라는 수화주가 부군당 경내에 있는 도가에 모신다. 조라는 찹쌀 2되와 멥쌀 4되를 섞어서 모두 6되를 담근다. 이렇게 조라를 모시면 그날부터 온 마을이 경건한 분위기 속에서 언행을 삼가며 금기한다.

　제관들은 조라를 모신 즉시 부군당 입구에 경내의 출입을 금지하는 금줄을 치고 황토를 펴며, 도가에도 금줄을 치고 황토를 펴서 일반 사람들의 접근을 금지시킨다.

　이날부터 제관들은 철저하게 금기로 들어가 육류와 어류를 먹지 않고 부인과의 동침을 금하고 옷을 입은 채로 잔다. 이렇게 15일 동안을 금기하고 제를 지내기 하루 전날 밤에는 제관들이 모두 도가

당산제 줄 당산제 때 줄다리기할 줄을 꼬고 있다. 전북 부안군 부안읍 동중 2리 소재. 1973년 2월 7일 촬영.(위)

당제 금줄 당제의 제수를 장만하는 당주 집에 금줄을 띄워 잡인의 출입을 막는다. 또한 대동샘을 덮고 금줄로 동여매 당제가 끝날 때까지 물을 길어가지 못하게 한다. 충남 태안군 안면읍 황도리 소재. 1986년 2월 11일 촬영.(왼쪽)

에 올라가서 자고 새벽에 대동우물을 길어다 찬물로 목욕하고 제수를 장만한다. 제수 준비가 끝나면 제관들은 제복(祭服)으로 갈아입는다. 제복은 흰 바지저고리에 흰 도복(道服)을 입고 머리에 검은색의 테가 넓은 큰 갓을 쓰고 다리에 흰 색의 행전을 친다.

제 당일 아침 제관들은 수화주의 지시에 따라 부군당에 제상을 올린다. 제상은 12위의 신위 앞에 각각 상상(上床)과 하상(下床)을 두 상씩 올려 모두 24상을 차린다. 상상은 신상 앞의 마룻바닥에서 120센티미터 높이로 맨 선반 위에 놓고, 하상은 그 선반 밑에 차려 놓는다. 그리고 상상마다 메에 백지로 고깔을 접어 씌우고, 주신인 부군신 앞에는 막걸리 3잔을 놓고 그 앞에 새발심지 불을 3개 켠다. 새발심지 불은 접시에 참기름을 넣고 그 위에 백지로 심지를 만들어 접시에 닿는 심지 면이 새발처럼 3갈래로 하여 세우고 그 위 끝에 불을 붙이는 것이다.

제상으로 올리는 제수는 전부 대나무 채반에다 차린다. 제물은 메, 편(餠, 인절미), 주(酒, 막걸리), 어포(魚脯), 돼지고기, 미역, 사과, 배, 대추, 곶감, 옥구(玉球), 유과(油果)를 놓고, 부군상에는 이와 같은 제물말고도 돼지머리 하나를 더 놓는다.

이렇게 제상을 올리고서 수화주의 주관으로 제를 올린다. 굿을 하지 않고 당제만 올리는 것을 이곳에서는 '고사(告祠)'라고 한다. 고사는 일반 유가식의 제사와 같이 초헌, 아헌, 종헌, 독축, 소지, 음복 순으로 끝난다. 소지는 대동소지 1매를 올리고 나서 화주(祭官)소지 12매를 올린 다음 동민 각호의 호주 성명을 호명하면서 호수대로 700매를 올린다. 소지를 올릴 때는 호주의 성명을 대고 이 집이 금년에도 무고하게 행운이 있게 해달라는 요지의 간단한 축원을 한다. 소지는 수화주가 올린다.

이상이 부군당의 당제인데 정월과 4월에 무당을 데려다 당굿을 할 때에도 이와 같은 절차의 당제를 지내고 나서 당굿을 한다.

치악산 서낭제 제
물 치악산 산
촌에서 동신제
로 올리는 서낭
당제에서 제물로
바친 돼지머리.
돼지는 서낭당
앞에서 잡는다.
강원도 원성군
판부면 금대리
소재. 1972년
4월 15일 촬영.

청수골 서낭제

서낭당의 위치와 형태;동구(洞口)에 산벚나무 하나가 있고 그
밑에 높이 4자 가량의 누석단이 있다. 이 산벚나무 신수 가지에는
제를 지낼 때 오색의 천을 잡아맨다.

제신;서낭신

제의 목적;마을의 평안, 무병과 행운

제일;음력 정월, 7월

제관;제 7일 전에 동회를 열어서 부정이 없는 나이 많은 원로
3명을 선출한다.

제물;주, 삼색 실과, 편(백설기 1시루), 통돼지. 돼지를 서낭당
앞에서 잡아 튀겨서 털을 밀어낸 채 통으로 바치고 제관이 제수를
현장에서 조리한다.

제의 순서；음력 6월 20일경에 동회를 열어 제관을 선출한다. 선출된 제관은 서낭당에 금줄을 치고 황토를 펴서 부정한 사람들의 접근을 금지시키고 자기 집에도 금줄을 치고 황토를 펴서 부정을 가린다. 음식을 가려 육류와 어류를 먹지 않고 언행을 삼가며 집 밖으로 나가지 않으며 부부가 함께 자지 않으면서 금기를 지킨다.

제 당일 밤이 되면 제관들이 서낭당 앞에서 제물을 조리하여 자리를 깔고 촛불을 밝힌 다음에 초헌, 아헌, 종헌, 독축, 소지, 음복의 순서로 당제를 마친다. 음복하고 남은 제물은 날이 밝으면 각호마다 똑같이 분배한다.

제비；마을에서 추렴한다.

자하동 도당(都堂) 당제

도당의 위치와 형태；마을 입구에 잡목 1주가 서 있는 서낭당이 있고, 마을 배후 야산에 소나무 한 그루가 서 있는데 이 나무를 도당이라 한다.

제신；도당산신

제의 목적；마을 평안과 행운

제일；음력 10월 초에 택일

제관；3인(선당주 1인, 앉은당주 1인, 제관 1인)

제물；메(노그메), 주, 삼색 실과, 백설기 1시루, 쇠머리 1개, 쇠고기 산적

제의 순서；음력 9월 하순경에 동회를 열어서 부정이 없는 나이가 많은 원로 3인을 제관으로 선출한다. 제관 가운데 선당주는 마을을 돌아다니며 제의 비용을 걷고, 앉은당주는 장을 본 다음 조리하여 제수를 마련한다. 제관은 당제의 제의 전체 과정을 주관한다. 이와 같은 소임을 맡은 제관 3인은 제관으로 선출된 그날부터 도당에 올라가 금줄을 치고 황토를 펴서 부정한 사람들의 접근을 막는다. 제관들 자신의 집에도 금줄을 치고 황토를 펴서 부정한 사람들의

치악산 서낭제 치악산 산촌에서 동신제
로 올리는 서낭당제에서 축관이 축을
읽고 있다(왼쪽). 서낭당제를 마치고
음복하는 제관들(아래). 강원도 원성군
판부면 금대리 소재. 1972년 4월 15
일 촬영.

출입을 금지시키면서 금기로 들어간다. 제 당일 밤에 도당으로 가서 자리를 깔고 촛불을 켜 놓고 제물을 진설한 다음에 초헌, 아헌, 종헌, 독축, 소지, 음복 순으로 제를 끝마친다.

제비;선당주가 마을로 다니며 추렴한다.

당굿

당굿은 당제보다 큰 규모의 동신제인데 앞에서 본 이태원 부군당은 연 4회의 동신제 가운데 음력 정월과 4월에는 당굿을 하여 예외적인 경우가 된다.

당굿으로 동신제를 지내더라도 대체로 3년마다 한 번씩 당굿을 하고 나머지 2년은 당제로 동신제를 지내는 것이 서울 지역 동신제의 통례이다. 그리고 3년마다 한 번씩 당굿으로 동신제를 지내더라도 당굿 전에 기본적으로 당제를 지내고 나서 당굿을 하여, 당굿을 하는 해는 당제와 당굿이 복합된다. 현장에서 관찰한 서울 지역 당굿의 진행 사례를 보면 다음과 같다.

남이장군당 당굿

위치와 형태;용문동의 높은 지대(과거에는 나지막한 야산 꼭대기였던 것이 주택 지대로 변한 곳)의 130평 대지에 4칸 가량의 전각 형태 건물이 있고 이 건물 옆에 향나무, 앞에 은행나무가 있다.

신당 안에는 마루로 바닥을 깔고 벽 3면에 바닥으로부터 120센티미터 높이의 선반(폭 40센티미터)을 맸다. 그 위에 촛대와 향로가 있고, 벽에는 가운데에 남이장군의 신상을 비롯해 왼쪽으로부터 천신대감, 맹인내외, 호구아씨, 호구아씨양위(兩位), 삼불제석, 호구아씨 신위, 별상내외, 별상내외와 부군대감내외분, 최영장군 신위, 정주정씨부인 신위, 별상님, 토주관장님, 별상님, 산신령내외분을 모신다. 그리고 선반 밑 벽 정면에는 역시 왼쪽으로부터 제장님들, 말명양위 선생님의 신상들이 걸려 있다. 또 신상들은 붉은 천의

남이장군당 당굿 동신제로 올리는 남이장군당 당굿에서 무당이 장군신을 맞기 위해
'거성'춤을 추고 있다. 이곳의 당굿은 3년마다 한다. 서울 용산구 용문동 소재.
1972년 5월 13일 촬영.

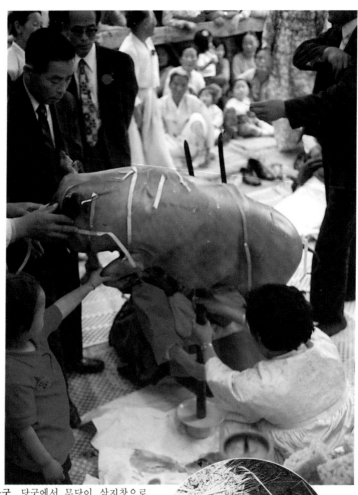

남이 장군당 당굿 당굿에서 무당이 삼지창으로 돼지를 찍어 세워 신의 영검을 묻는 '사실'을 세우고 있다. 서울 용산구 용문동 소재. 1972년 4월 15일 촬영.(위)

산신당 조라 동신제를 지내기 3일 전에 산신당 앞의 땅속에 도가니를 묻고 거기에 술을 빚는다. 제주로 쓰는 이 술을 조라라고 한다. 경기도 광주군 중부면 엄미리 소재. 1985년 3월 5일 촬영. (오른쪽)

주렴을 늘어뜨려 직접 보이지 않게 가리고 선반 밑 주렴 오른쪽, 왼쪽 안에는 장구, 제기(祭器) 등의 성물(聖物) 등을 쌓아놓았다.

제신；남이장군신

제의 목적；마을의 무병, 평안과 행운. 이곳은 용문동 시장이 있어 상인들이 상업의 흥성을 기원하는 목적도 상당한 비중을 차지한다.

제일；음력 4월 1일, 7월 1일, 10월 1일로 연 3회 제를 지내는데, 3년마다 한 번씩 4월 1일에는 당제를 지내고 이어서 당굿을 한다.

제관；당제 15일 전에 마을의 노인들이 모여 동회를 열고 생기복덕을 가려 정결한 원로 2인을 제관으로 선출한다. 제관으로 선출된 그날부터 제관은 금기를 지켜 언행을 삼가며 부정을 가려 외지의 출입을 금하고 부부가 한방에 드는 것을 금한다. 제관 2인 가운데 한 사람은 제주, 다른 한 사람은 집사인데 제주를 화주라고도 한다. 제주는 헌관으로 당제를 주관하는 한편 제주의 집이 도가가 되어 당제에 쓸 제수를 장만한다. 이 도가에는 제관을 선출한 그날부터 출입문에 금줄을 치고 황토를 펴서 부정한 사람들의 접근을 금지한다.

제물；당제 3일 전에 제주가 당에다 조라를 모신다. 조라는 정결한 쌀 3되 3홉을 쪄서 누룩가루로 버무리고 물을 섞어 오지 단지에 넣는다. 제물은 보통 제사와 마찬가지로 메, 편, 주, 과, 포, 채, 탕(蕩)을 쓰고 제물을 시장에 가서 살 때는 값을 깎지 않으며 제물을 사오는 것은 집사가 한다. 떡은 붉은 팥시루떡인데 쌀 3되 3홉을 시루에 쪄서 통시루로 바친다. 당굿을 할 때는 앞의 제물에다 돼지 1마리를 잡아 통째로 바치는 것이 하나 더 추가되고 굿상이 따로 마련된다.

제의；당제 15일 전에 제관은 당 주위를 청소하고 금줄을 치고 황토를 펴서 사람들의 출입을 금지시켜 부정을 가린다. 제관은 이날

부터 목욕 재계하며 금기를 지키다가 제 당일 도가에서 제수를 장만
하여 밤 11시경 당으로 가서 설상(設床)한다. 설상은 남이장군 신
상 앞에다 홍동 백서(紅東白西), 동두 서미(東頭西尾)로 한다. 자정
이 되기를 기다려 남이장군 앞에 메를 올리고 삼헌, 독축, 소지(대동
소지 1매, 각호 소지 1매씩), 음복으로 제를 마친다. 메와 잔은 각각
양위, 남이장군내외에게 올려 2위씩 된다. 제물은 도가로 옮겨 놓았
다가 이튿날 아침 동민들이 한자리에 모여 함께 나누어 먹으면서
제의 비용을 결산하고 다음 당제를 의논한다.

  당굿 순서;당굿을 하는 해에는 당굿 15일 전에 동회를 열어 마을
사람들이 한자리에서 당굿의 규모와 비용 등을 상의하며 제관 외에
화주 12명을 더 선출하여 당굿을 보살피게 하고, 그날로 걸립(乞
粒)을 한다. 걸립할 때는 신당의 문을 열고 신당 처마 네 귀퉁이에
등롱(燈籠)을 내걸고 신당 담장 출입문 양옆에도 등롱 2개를 내건
다. 등롱은 한 변이 25센티미터의 4각이며 길이 100센티미터 가량
의 청사 등롱이다. 등롱을 내건 다음에 신당 앞에서 풍물을 한동안
울리고 나서 용기(龍旗)를 앞세우고 풍물(風物)을 울리며 남이장군
사당보존위원회 임원들과 선발된 동민들이 걸립에 참여한다. 용기
는 길이 5미터 가량의 죽간(竹竿) 꼭대기에 청룡과 황룡을 그린
기(100×150센티미터)를 단 것이다.

  걸립은 3, 4일 동안 도는데 당굿 비용 예정 목표 액수가 차면
3일에도 끝내고 목표 액수가 미달되면 4일까지도 돈다. 용기를 부군
당 또는 부군대(느름대)라고도 하는데 이 용기의 대잡이는 매번
고정된 대잡이가 한다. 용기를 앞세우고 호적, 꽹과리, 징, 장구,
북, 소고 등으로 구성된 걸립꾼이 민가와 상점에 들어가 한판 울리
면 주인집에서는 소반에 백지를 깔고 쌀을 소복히 부어 놓은 위에
대주의 식기에도 쌀을 소복히 담아 대주의 숟가락을 꽂고 실 한
타래를 감은 그 밑에 돈을 놓고 소반 양옆에 촛불을 켜서 내놓는

남이장군당 당굿 걸립 당굿에 앞서 굿 비용을
동민들로부터 추렴하는 걸립에서 풍물패의
선두에 서는 당기(堂旗)와 용기(龍旗).(위)
네모 안의 사진은 당굿에 바치는 동민들의
걸립 시주 쌀. 서울 용산구 용문동 소재.
1972년 5월 6일 촬영.

남이장군당 당굿 걸립 당굿 걸립에 바치는 동민들의 시주 쌀. 소반에 백지를 깔고 대주의 밥그릇에 쌀을 소복히 담고 대주의 수저를 꽂은 다음 실 한 타래를 감아서 당기 앞에 바친다. 서울 용산구 용문동 소재. 1972년 5월 6일 촬영.

다. 그러면 걸립패의 상쇠, 종쇠가 그 앞에서 집안이 화목하고 운수가 좋으라는 내용의 축원을 하고 나머지 호적, 징, 장구, 북, 소고 등은 마당에서 울리고 용기를 집안까지 깊숙히 넣어 몇 차례 옆으로 뉘어 쓸어 준다. 이렇게 쌀을 부어 내놓는 상을 걸립상(乞粒床)이라 하는데 걸립상은 대청에다 차려 놓는 집도 있고 뜰 안에 내놓는 집도 있고 대문 밖 길가에 내놓는 집도 있다. 또 걸립꾼이 지나가는 넓은 공터가 있으면 주민 20가구에서 30가구가 한데 공터에다 걸립상을 차려 놓기도 한다.

이 사당보존위원회의 총무가 회계를 맡아, 걸립을 낸 호주(戶主)의 성명과 금액을 빠짐없이 기록하며 돈과 쌀을 걷어들인다. 쌀은 양이 많아 손수레에 가마니를 싣고 다니며 모아 운반한다. 그리고 대잡이는 시장이나 넓은 길에 들어서면 용기를 가로 뉘어 크게 양옆으로 휩쓸며 흥에 겨워 어깨춤을 추고 50, 60대의 동민 수십 명이 걸립꾼의 뒤를 따르며 덩실덩실 어깨춤을 춘다. 아이들 또한 100여 명이나 넘게 그 뒤를 따라다니므로 걸립을 돌 때는 동네가 온통 부산하게 들떠 축제 분위기로 법석댄다.

걸립을 도는 범위는 용문 시장을 한 바퀴 돌아 용문동 일대 400여 호이며, 남이장군당과 연고가 있는 주민이 청하면 타동이라도 걸립꾼이 간다.

걸립으로 모은 돈을 가지고 제수를 장만하여 제 하루 전날 밤에 제물을 진설하고 전야제 형식으로 잔을 붓고 제관이 재배한다. 제물로 바치는 돼지는 당 경내 한구석에서 잡아 현장에서 튀겨 털을 뜯어 신께 통째로 바치고 돼지머리 하나를 통돼지와 함께 제물로 바친다.

음력으로 4월 1일이 되는 자정을 기해 다른 때와 같은, 앞에서 본 평상적인 당제를 지내고 아침이 되면 당 앞 공터에 차일(遮日)을 치고 당굿을 한다. 당굿은 무당 6인과 3재비(피리, 젓대, 해금)가 맡아서 한다.

당굿은 무당이 당 앞에서 '주당살'을 가리고 '부정'을 친 다음에 '유가(遊街)'를 도는 순서로 시작된다. 주당살을 가리는 것을 '주당 가린다'고도 하는데 무당이 당 앞에 혼자 앉아 무가 사설을 구송(口誦)하지 않고 장구만 울리고 무당 외의 제관을 비롯한 동민들 모두가 당 밖으로 나가 있으면서 시선이 당 쪽으로 가지 않게 등을 돌리고 있는 과정이다. 당 주위에 서려 있던 살기(煞氣)가 장구 소리에 쫓겨서 나갈 때 동민들의 시선과 마주치면 시선이 마주친 사람에게 살(煞)이 간다고 하여 보지 못하게 하는 것이다. 이 과정은 대략 5분 정도 걸린다. 부정은 무당이 굿상 앞에 앉아 평상복 차림 그대로 장구를 치며 '부정거리' 무가를 구송한다. 이때 반주는 없다.

유가는 등롱 2개를 앞세우고 걸립을 돌 때 선두에 섰던 용기(부군기 또는 느름대라고도 한다)를 선두로 그 뒤에 장군기(將軍旗;폭

남이장군당 당굿　당굿의 무악 반주 악사인 재비와 무당들. 서울 용산구 용문동 소재.
1972년 5월 15일 촬영.

100센티미터, 길이 300센티미터의 남색 천에 "남이장군사당"이라
검은 색의 큰 붓글씨로 써서 5미터 가량의 죽간에 단 것)이 서고
그 뒤로 무당 1인, 피리 재비 1인, 젓대 재비 1인, 해금 재비 1인
그리고 걸립꾼들이 풍물을 치며 따르고 그 뒤에 제관과 남이장군당
보존위원회 위원들이 따른다.

　유가 도는 범위는 걸립 도는 범위와 같고 시장 한복판에 이르면
용기(부군기)를 가로 뉘어 좌우로 휩쓸며 대잡이가 묘기를 부리는

남이장군당 당굿 당굿에서 홍철릭을 입고 당기를 잡은 무당에게 남이장군신이 내리는 장면. 서울 용산구 용문동 소재. 1972년 5월 15일 촬영.

'부군놀림'을 하며 춤을 춘다. 유가에서 용기(느름대)에 꽂고 간 지화 연꽃을 옆동네의 여신을 모신 부군당에 가서 그곳에 있는 연꽃과 교환해 오는데, 이것을 '꽃받기'라 한다.

꽃받기는 옆동네 부군당의 여신을 남이장군이 초청하는 과정이다. 유가를 돌고 당으로 돌아오면 또 다른 무당이 홍철릭을 입고 큰머리를 얹은 위에 홍갓을 쓰고 대기하다가 마중나가 용기를 받아 가지고 당 앞으로 가면 남이장군신이 내려 한동안 도무(跳舞)로 춤을 추다가 '공수(신탁)'를 내린다. 이때 무당은 용기(부군기)의 느름대를 잡고 한 손을 벌려 옆구리에 얹어 장군의 위엄을 과시하고, 화주들이 그 앞에서 머리를 조아리고 손을 비비며, 장군님이 너그럽게 보살펴서 마을이 평안하게 해달라고 빈다. 이것이 장군신을 맞아 놀리는 '부군놀림' 과정이다.

이 과정이 끝나면 용기의 느름대에 꽂고 온 연꽃을 남이장군 신상 옆에다 세워 놓고 굿이 진행된다. 굿 순서는 가망청배, 부군거리, 신장거리, 호구거리, 말명거리, 조상거리, 상산거리, 별상거리, 대감거리, 창부거리, 제석거리, 군웅거리, 황제풀이, 뒷전으로 굿이 끝나면 마을 사람들이 굿판에서 한데 어우러져 무감을 서며 여흥을 즐긴다. 무감은 일반인이 무복(巫服)을 입고 신 앞에서 추는 신춤이라는 뜻인데 무감을 서면 몸에 잔병이 없고 운수가 좋다고 한다.

이와 같은 순서로 진행되는 당굿은 서울 지역의 일반굿과 같은 범주 안에서 이루어지는 것이지만, 부군거리와 황제풀이가 이채롭게 추가되는 과정으로 보여 이 과정의 진행 실례를 옮겨 보기로 한다.

부군거리는 남이장군을 부군이라 하여 부군을 놀리는 과정이어서 결국 남이장군신을 놀리는 과정으로 볼 수 있는데, 이 굿은 다음과 같이 진행된다.

무당이 장군 치마저고리를 입은 위에 별상옷을 입고 그 위에 전복(戰服)을 입고 가슴에 홍대를 띠고 또 그 위에 홍철릭(紅天翼)을 입고 가슴에 술띠를 띠고 머리에 큰머리를 얹은 위에 흑갓을 쓴 복장으로 굿을 한다. 처음엔 무당이 흑갓을 들고 느린 무악에 맞추어 좌우로 3보 전진, 2보 후진하는 도도리춤으로 한동안 춤추다가 흑갓을 큰머리 위에 얹어 쓰고 다시 한동안 도도리춤을 계속한다. 다음 부채를 펴 들고 이런 춤을 추다가 부채를 놓고 오른손에 언월도, 왼손에 삼지창을 들고 느린 도도리춤을 한동안 추다가 언월도와 삼지창을 X자로 몇 차례 맞부딪친다. 반주가 빨라지면 한동안 도무

하다 언월도와 삼지창을 놓고 오방기를 들고 굿판 주위를 돌다가 굿상 앞에 서서 도무하다 멈추고 오방기를 놓는다. 다시 오른손에 삼지창, 왼손에 언월도를 들고 도무하다가 멈추고 '공수'를 내리며 왼손에 언월도와 삼지창을 모아 잡고 오른손으로 굿상에 부어 놓은 막걸리 잔을 들어서 화주에게 준다. 그러면 화주들은 돈을 무당의 옷깃과 갓끈에 끼워 주고 빌면서 무당이 주는 술잔을 받아 마신다. 무당이 다시 왼손에 삼지창, 오른손에 부채를 펴 들고 무악에 맞추어 한동안 빠른 도무로 춤춘다.

황제풀이는 군웅거리를 하고 나서 무감을 서며 한동안 여흥을 하다가 어두워지기를 기다려 밤이 되면 소반에 백지를 깔고 쌀 3

남이장군당 당굿 여흥 당굿이 끝나면서 동민들이 굿판에 어우러져 흥겹게 한판 춤을 추고 있다. 서울 용산구 용문동 소재. 1972년 5월 15일 촬영.

남이장군당 당굿 파제 당굿이 끝나고 난 이튿날, 당에 파제(罷祭)를 올리고 음복하고 있는 제관과 동민들. 서울 용산구 용문동 소재. 1991년 11월 21일 촬영.

되 3홉을 부어 놓고 촛불을 양쪽에 켜고 그 앞에 무당이 혼자 앉아서 황제풀이 무가를 반주 없이 구송한다. 황제풀이는 보통굿에서는 하지 않고 당굿을 할 때나 집을 새로 지어 성주를 모실 때와 같은 특수한 굿에서만 한다.

당굿을 할 때는 동민들이 일체의 사무를 중지하고 당에 모여 함께 굿에 참여한다. 용문 시장도 대부분의 상인들이 상점 문을 닫고 당에 모여 굿에 참여한다.

당굿이 끝난 3일이 되는 날에 '사례제'를 지낸다. 사례제를 사례치성이라고도 한다. 사례제는 당굿을 할 때 신성한 성역에 부정한 잡인들이 들어왔기 때문에 장군신에게 사과하는 의미라고 한다.

사례제는 제관과 화주들만이 저녁에 도가에 모여 제주의 지휘로 제수를 준비한다. 밤 12시경이 되면 제관과 화주들이 당으로 가서 남이장군 신상 앞에 제상을 차린다. 제물은 간소하게 메, 술, 떡, 채, 탕만 올리고 당제와 같이 삼헌과 독축, 소지(대동소지 1매, 각호 소지 1매씩), 음복으로 제를 마치면 새벽 3시경이 된다.

사례제가 끝나면 다음 당제가 있을 때까지 어느 누구도 당 안에 들어가는 것이 금지된다.

참고로 1972년 조사 당시 남이장군당의 남이장군 사당보존위원회 위원을 보면 다음과 같다.

위원장—강대현(70세)

부위원장—김봉식(59세), 백광남(57세)

간사—주동환(53세)

회계 겸 총무—강길성(53세)

관리위원장—류천만(64세)

다른 동신당의 당굿 진행 사례도 대체로 유사한 범주 안에서 이루어지기 때문에 지면 관계로 당굿 진행 사례의 제시는 이 정도로 그치고자 한다.

동신 신앙의 지역적 특징

　　동신 신앙의 지역적 특징은 지역적 특수성을 보이는 신앙 대상의 신격으로부터 그 신격에 관련된 제의와 동신을 모신 신당의 형태 등으로 집약해 볼 수 있다.

　　먼저 지역적 특성을 갖는 동신은 서울, 경기 일원의 부군신, 호남 지역의 당산신, 영남 지역의 골매기신, 제주도의 본향신과 도체비(도깨비), 서해안 지역의 임장군신, 해안 지역의 용왕신 등이 신앙된다. 그런 가운데도 국수신과 산신, 서낭신이 보편적으로 신앙되는 동신의 기반을 가지고 있는데 특히 이들 세 신은 중부 지역에서 함께 복합 신앙되던 동신이다. 그리고 특히 충북, 전북, 경북의 내륙 일원에 걸쳐 '수구매기(水口막이)' 또는 '수살매기(水殺막이)'가 풍수지리에 기반을 둔 신격의 동신으로 신앙된다. 그리고 이상과 같은 신들이 지역적인 특수성을 보이는 동신으로 신앙되면서 여기에 장승과 솟대가 보편적으로 복합 신앙되던 동신이었는데 점차 인멸되어 가는 추세이다.

　　한편 서울 지역에서 신앙되는 동신은 다른 지역과는 달리 인신 계통의 동신이 다양한 것이 특징이다.

앞 장에서 동신은 자연신 계통의 동신과 인신 계통의 동신으로 크게 구분되었다. 자연신 계통의 동신은 다른 지역에서도 신앙되는 일반적인 동신이지만 인신 계통의 동신인 군왕계 가운데 일부 왕비계, 왕녀계, 장군계 가운데 일부 부군계, 군웅계의 동신은 다른 지역에서는 쉽게 찾아보기 힘든 신들이다. 이와 같은 동신들이 서울 지역 동신 신앙의 특징으로 꼽을 수 있는 한 요소가 되지 않을까 생각한다.

　서울 지역 동신의 특징으로 꼽을 수 있는 신은 군왕계 가운데 공민왕신, 세조대왕신, 뒤주대왕(思悼世子)신, 왕비계의 송씨부인신(端宗妃), 왕녀계의 애기씨신(수풀당의 주신—공신), 장군계의 남이 장군신, 부군계의 부군신, 군웅계의 군웅신 들이 있다. 이 가운데 군왕계, 왕비계, 왕녀계의 신들은 서울이 조선의 도읍지였기 때문에 왕실과 관련된 지리적 상관성으로 보인다. 남이장군신의 경우도 장군이 누명을 쓰고 처형된 새남터(현재 서울 용산 삼각지 한강변 부근)가 서울 근교(처형 당시)였기 때문에 그 처형 장소와 관련된 지리적 상관성으로 볼 수 있다. 부군계의 동신은 서울 일대에서 집중적으로 발견되는 신이다. 부군이 임지(任地)에서 죽은 관장(官長)의 고혼(孤魂)이어서 "경사(京師) 각 관아(官衙)에 신사가 있어서 관에서 부군신을 제사지내고 지방 관아에서도 부군신을 제사지냈다"는 것으로 보아, 부군 신앙이 조선조에 관아를 중심으로 전승되던 것이 현재 서울 지역에 남아 민간에서 전승되고, 다른 지방에서는 인멸된 것으로 볼 수 있다. 저자가 지방에서 부군당을 본 것은 1964년도 신당 조사 때 강화읍에서 한 군데를 보았는데 강화읍이 병자호란 때 임시로 천도(遷都)되었던 곳이어서, 당시 관아에서 신앙되던 부군 신앙이 민간으로 전승되거나 또는 원래부터 강화읍성에서 관에 의해 신앙되던 부군 신앙이 민간으로 전승되는 두 가지 원인 가운데 하나로 추정해 볼 수 있다. 그러나 반대로

부군당 마을의 수호신인 부군신을 모셔 놓고 매년 주민들이 동신제를 지낸다. 서울
영등포구 당산동 6가 3번지 소재. 1991년 5월 29일 촬영.

민간에서 전승되던 부군 신앙을 관에서 수렴해 신앙했을 가능성도
있다.

　부군 신앙의 전승 경위야 어찌되었든 현재로서는 동신으로 신앙
되는 부군신은 서울 지역에 집중되어 있다. 군웅(軍雄)신은 무신
(武神)으로 보이는데, 지금까지 조사된 범위 안에서는 다른 지역에
서 군웅계의 동신이 발견되지 않아 군웅계의 동신 역시 서울 지역에
집중된 동신으로 보인다. 그래서 지금까지 앞에서 밝힌 인신계 동신
들을 서울 지역 동신의 특징으로 볼 수 있는데, 이것은 현재까지
조사 보고된 동신의 현황을 기준으로 해서 볼 때 그렇다는 것이다.
다른 지역의 새로운 조사 진척에 따라서는 약간 신축성이 있을 수도
있다.

국사당 서낭목 국사당의 서낭
목에 예단(禮緞)으로 바친
오색의 헝겊이 매여 있다. 서
울 서대문구 현저동 소재.
1970년 2월 5일 촬영.

　지역적 특성을 보이는 동신당의 형태를 보면 동신당이 대체로
당나무 신수를 기본으로 여기에 자연석 제단이 추가되고 다시 이
신수에 당집(堂 —)이 복합된 형태, 곧 신수만의 단독 형태, 신수에
제단이 복합된 형태, 신수에 당집이 복합된 형태로 이들이 기본적이
면서도 보편적인 동신당의 형태이다. 그런 가운데에도 지역적으로
다음과 같은 특성을 보이기도 한다.

　동신당이 있는 위치상으로 볼 때 마을 단위로 국수당이 마을의
배후 제일 높은 산꼭대기에 있고, 그 밑 산 중턱에 산신당이 있고
또 그 맨 밑의 동구에 서낭당이 있다는 것이 앞에서 논의되었다.

이와 같은 3자 복합 신앙 형태가 현재 중부 지역에 남아 전승되고, 이 가운데에서도 서낭당이 신수인 서낭나무 밑에 자연 잡석을 난적한 원추형의 누석단이 있고, 서낭나무에 반드시 오색(청, 홍, 황, 백, 녹색)의 비단 조각을 잡아매는 것이 서낭당의 형태적 특징이다. 서낭나무에 잡아매는 오색의 비단 조각은 서낭당에 제를 올릴 때 서낭신께 바치는 예단(禮緞)의 의미이다. 이렇게 당나무 신수에 헝겊을 예단으로 잡아매는 형태는 제주도 동신당에서도 보편적으로 전승된다. 따라서 이와 같은 형태는 몽골의 오보로부터 서낭당을 거쳐 제주도 동신당에 이르는 일련의 맥을 이루는 것으로 볼 수 있다.

충북, 전북, 경북의 내륙 일원에 걸쳐 분포되어 있는 수구매기 (또는 수살매기) 신앙의 동신당 형태는 대체로 목침만한 자연석을 원통형이나 원추형 또는 정방형 등으로 높이 2미터 안팎이 되도록

수구매기 마을로 들어오는 액을 막고 마을에서 밖으로 흘러나가는 지기(地氣)를 막기 위해 마을 입구의 길 양옆에 세운 수구매기 입석. 충북 중원군 문의면 문덕리 소재. 1979년 2월 10일 촬영.

쌓아올리고 그 맨 꼭대기 중앙 정점에 높이 40, 50센티미터 가량의 길쭉한 자연석을 세워 놓았는데, 주민들은 이것을 탑(塔) 또는 지역에 따라서는 조산(造山)이라 부른다. 마을 앞으로 내가 흘러나가 지기(地氣)가 빠져나가는 것을 막기 위해 이와 같은 누석탑(累石塔)을 쌓고 동신제를 올린다. 따라서 이 누석탑이 동신당의 이 지역 특색으로 꼽을 수 있다. 누석탑은 경남 남해안과 제주도 등지에서도 가끔 발견되지만 특히 충북, 전북, 경북 내륙 일원에 집중적으로 분포되어 있는 동신당의 형태이다.

영남 지역에서 내륙에 산신당과 서낭당 등이 있고 동해안 지역에 골매기당이 있어서 신격상으로는 골매기가 지역적 특성을 가지고 있다. 그러나 골매기를 모신 동신당의 형태는 신수, 신수와 제단의 복합, 신수와 당집의 복합, 이 세 가지 범주 안에 드는 일반적인 것이어서 이 지역의 동신당 형태는 다른 지역에 비해 특징으로 꼽을 수 있는 것이 많지 않은 실정이다.

이에 비해 호남 지역에서 '당산'이라 부르는 동신당은 앞에서 본 일반적인 형태를 기반으로 하면서도 특히 입석(立石)으로 된 당산이 보편적이어서 입석 형태의 당산이 호남 지역 동신당의 형태적 특징으로 볼 수 있다.

입석 당산은 대체로 높이 1.5 내지 2미터 안팎의 길쭉한 자연석을 마을의 입구 또는 마을의 한 옆에 세워 놓고 동신으로 신앙한다. 이런 입석 당산은 신수인 당산나무와 입석이 함께 있는 예가 많지만 신수가 없이 입석 단독으로 되어 있는 당산도 있다. 호남 지역 특히 부안 고창 지역에 석간(石竿)과 석간 정상에다 오리를 돌로 조각해 앉혀 놓은 솟대 모양의 석조간(石鳥竿)이 가끔 눈에 띈다. 이런 석간이나 석조간이 돌을 세워 당산으로 신앙하는 입석 신앙과 상관성이 있는 것으로 보인다.

충남, 전북의 서해 연안과 도서 등지에 분포되어 있는 당집 형태

입석 당산 동신으로 모시는 석상. 배에 "下元周將軍"이라 쓰여 있는 당할머니. 전북 부안군 부안읍 서외리 소재. 1977년 12월 12일 촬영.(위 왼쪽)

석조간 당산 마을의 수호신으로 석간(石竿)에 돌로 오리를 깎아 앉힌 당산. 당제 때 석간과 오리에 무명필을 잡아맨다. 전북 부안군 행안면 궁안리 소재. 1972년 8월 22일 촬영.(위 오른쪽)

76 동신 신앙의 지역적 특징

입석 당산 마을의 수호신으로 동구 길가에 세운 석상. 이곳에 동민들이 매년 동신제를
올리며 줄다리기를 한다. 전북 부안군 부안읍 동중리 소재. 1972년 8월 22일 촬영.

의 동신당이 대체로 당집 1동(棟)에 온돌을 놓은 재실(齋室) 방
1칸에다 부엌이 딸려 있는 것이 특징이다. 그리고 그 방 출입문의
정면 벽 중간쯤에서 그 윗부분에 소나무로 홰를 매고 여기에 백지를
세로로 두 번 길게 접은 '길지(吉紙)'의 한 허리를 접어서 걸어
놓고 이것을 '할아버지, 할머니 옷입힌다'고 하며 동신제를 지낼
때마다 이 '옷입힌다'는 과정이 반복된다.

　　중부 내륙 지역을 포함한 다른 지역의 당집에는 초가이든 와가
(瓦家)이든 온돌이 없이 제사를 지내는 재실 1칸으로 되어 있는
데, 앞에 말한 서해안 등지에는 당집에 재실과 부엌이 함께 있어서

산신당 길지　동신제로 산신제를 지낼 때 신께 바치는 예단(禮緞)으로 올리는 길지
　(吉紙). 길지를 '할아버지 옷입힌다'라고 한다. 충남 태안군 근흥면 가의도리 산신당
　내부. 1986년 2월 19일 촬영.

산신당 풍도 섬사람들의 동신제 때 제관들이 기거하며 제수를 장만하고 제를 지내는 당. 경기도 옹진군 대부면 풍도리 소재. 1984년 7월 15일 촬영.

제관들이 이 온돌방에서 하룻밤을 자면서 부엌에서 제수를 만들어 동신제를 지낸다.

경기도 옹진군으로 편입된 서해 풍도(豊島, 약 80호)의 '산제당' 동신제에는 마을에서 선출된 정결한 남녀 두 사람이 마을 사람들이 보지 못하는 새벽에 산제당으로 올라가 제관이 제수를 만들고 그곳에서 하룻밤을 자며 동신제를 지내고 이튿날 새벽에 마을 사람들이 보지 못하게 마을로 돌아온다.

충남 서산군 팔봉면 서해 바다의 고파도(古波島) 산정에 있는 '산제당'도 재실과 부엌이 함께 있는 당집인데, 그 산 아래 계곡에 온돌방 1칸에 부엌이 딸린 피막(避幕) 한 채가 있어서 제관들이 이곳에서 금기를 지키며 동신제를 지낸다.

산신당 큰 바위 밑의 자연 석굴에 제단을 차리고 산신께 제를 올린다. 서울 서대문구 평창동 삼각산 소재. 1972년 5월 14일 촬영.

이런 예들로 보아 서부 서해안 지역의 동신제가 원래는 제관들이 세속과 격리되어 2, 3일씩 산제당에서 기거하며 동신제를 지냈을 가능성도 추측해 볼 수 있다.

남이장군당 문 서울 지역은 전각 형태의 규모있게 다듬어진 동신당이 다른 지역보다 많다. 서울 용산구 용문동 소재. 1991년 11월 21일 촬영.

　한편 서울 지역의 동신당 형태는 다른 지역에 비해 기와로 된 당집과 전각 형태의 규모있게 다듬어진 동신당들이 월등하게 많다. 이런 동신당 특히 전각 형태의 동신당 안에는 대체로 신체(神體)의 표현인 신의 화상(畵像)과 우상(偶像)을 모셔 놓고 있어서 다른 지역에 비해 현저한 차이를 보이고 있다. 이것은 마을 사람들의 신앙심 확장을 기반으로 마을의 재력과 상관성을 가지면서 당나무 신수나 제단, 초가 당집의 자연적 상황에 인위적 수식이 첨가되어 가는 현상으로 볼 수 있다.

　제의면에서 동신에게 올리는 동신제의 지역적 특성을 보면, 매년 정월에 올리는 동제는 유교식에 준하는 삼헌(三獻)과 독축, 소지의 과정으로 되어 거의 전국적으로 유사하다. 동제를 지내면서 격년제 또는 3년마다 한 번씩 하는 당굿은 무당이 이 의례를 주관하는 관계

어촌의 동신제 마을의 평안과 풍어를 기원하는 동신제에서 어부들이 풍물을 울리며 바닷가를 돌아 당으로 가고 있다. 충남 서산군 부석면 창리 소재. 1984년 2월 4일 촬영.

로 그 지역의 무속에 기반을 둔 굿 양식에 따라 차이가 있게 된다. 그러면서 서울, 경기 지역에는 강신무가 주관하는 '도당굿'이 있고, 영남 동해안 및 강원도 영동 해안 등지에는 세습무가 주관하는 '풍어제'와 '별신굿'이 있으며, 호남의 서해안 등지에는 세습무인 단골이 주관하는 '배연신굿'이 있어서 이 의식을 주관하는 무당의 성격에 따라 각기 지역적 차이점을 보이고 있다.

한편 호남의 내륙 지역(영남의 내륙 지역 일부 포함)에서는 당제를 지낼 때 농악을 울리는 '메굿'을 치고 이튿날(정월 보름) 아침에 마을 사람들이 모여 편을 짜서 줄다리기를 한다. 제주도에서는 동신제로 풍신(風神)에게 올리는 '영등맞이'를 하는데 이런 제의들은 그 지역에 따르는 동신제의 지역적 특성으로 꼽을 수 있다.

동신 신앙의 여러 양상

　동신 신앙은 신앙 대상인 동신의 성격에 따라 신앙 형태가 다르면서 그 분포에도 지역적 차이가 있다. 예들 들면 당산 신앙은 주로 호남 지역에 분포되어 있고, 골매기 신앙 역시 주로 영남의 동해안 지역에 집중되어 있어서, 지역적으로 편중되어 있다. 그러면서도 산신, 서낭, 국사 신앙의 경우는 거의 전국적으로 분포되어 있는 보편적인 동신 신앙이면서 서로 연계성이 있는 신앙이기 때문에 이 세 부문의 신앙을 동신 신앙의 표본으로 삼아 살펴보려고 한다.

　한국 재래의 전통적인 마을 특히 중부 지역에는 대체로 마을의 배후 산정에 국사당(또는 국수당, 국시당)이 있고 그 산 중복에 산신당이 있으며, 마을로 들어가는 동구에 서낭당과 함께 장승과 솟대가 서 있는 것이 일반적인 동신 신앙의 형태이다. 근자에는 산신당과 서낭당만 남고 국사당과 장승, 솟대가 인멸되어 가는 추세이다. 국사당의 경우 아직도 전승되는 마을이 있으나 제를 지내던 제단이나 제터 또는 국사봉, 국시봉 등의 지명만 남아 있는 예가 많다. 국사당의 거개가 마을의 배후 높은 산꼭대기에 위치하여 신수와 자연석 제단으로 이루어진 것을 보면, 하늘 위에 있는 천상의 신을 최초로 지상에 모신 형태가 국사당으로 보이고, 그 연계적 후기 형태로 산신당과 서낭당 신앙이 순차적으로 형성되었을 것이라 생각된다. 이와 같은 관점에서 국사당, 산신당, 서낭당 신앙의 순으로 살펴보고자 한다.

국사당 신앙의 형태와 분포

국사당은 대개 마을 뒤쪽 높은 산꼭대기에 위치하여 그 마을을 수호해 주는 동신당이다. 이와 같은 국사당 신앙이 평안도나 함경도 지역에서는 잡석을 긁어 모아 쌓아올린 서낭당 신앙과 습합되어 서낭당을 국수당, 국시당이라 부르기도 한다. 남부 지역에서는 국사당이 온전한 형태로 전승되어 동신제를 올리기도 하지만 국사봉, 국수봉, 구수봉 등의 지명만 남아 있는 예도 많다.

국사당의 형태
국사당에서 신을 어떤 형태로 어떻게 봉안하여 신앙하는가 알기 위해 먼저 국사당의 형태부터 살펴보고자 한다.

한국의 중서부 해안 도서 지역의 예를 보면 국사당은 마을을 수호하기 위해 외부로부터 해안의 마을로 이어지는 산맥을 막고 마을의 뒤쪽 높은 산꼭대기에 위치하여 산신당이나 서낭당 등의 동신당보다 멀리 위치해 있다. 상당(上堂)과 하당(下堂)이 마을의 뒤쪽에 있을 경우 상당은 국사당(또는 국시당, 국수당), 하당은 산신당이나 서낭당 외의 기타 신당이 된다. 그래서 국사당은 하당이라 부르는 신당보다 상위의 높은 산꼭대기에 위치하는 것이 중서부 해안 지역의 일반적인 예인데 그 실례를 보면 다음과 같다.

충남 서산군 안면면 우포(牛浦)에는 마을 뒤쪽의 낮은 당산에

산제당 터 이곳은 산제를 지내던 산신당 당집이 있던 자리이므로 신성하게 여겨 동민들이 근처에 가지 않는다. 충남 서산군 팔봉면 고파도리 소재. 1985년 2월 5일 촬영.

산제당이 있다. 이 당산 밖의 높은 봉(국수봉)에 국수당이 있는데 전자를 하당, 후자를 상당이라 부른다. 상당인 국수당은 음력 정월 초이튿날, 하당인 산제당은 음력 정월 초삼일에 동제를 지낸다. 이 우포 국수당의 형태는 국수봉 꼭대기에 석반단(石盤壇)을 가운데 두고 한 평 반 가량의 면적에 높이 120센티미터 가량의 잡석을 쌓아 두른 돌담 안에 관목 신수가 있다. 이 관목 신수 밑에 13센티미터 길이의 쇠말(鐵馬)이 동신으로 봉안되었으나 소실되고 그 전설만 남아 있다.

같은 군 부석면 창리, 속칭 해변(海邊)에는 마을의 왼쪽 낮은 당산에 영신당(靈神堂)이 있고, 마을 뒤쪽 좀 높은 산인 상산(上山)에 국수당이 있다. 외부에서 마을로 들어오는 동구 노변에 서낭당과 그 곁에 장승이 있다. 이곳 역시 국수당을 상당, 영신당을 하당이라 부른다. 제일은 국수당이 음력 정월 초이튿날, 영신당과 서낭당이

국수당 산정의 국수당 제단에 올린 청수 그릇 3개가 놓여 있다. 이 청수는 동신제 때 올린다. 충남 서산군 부석면 창리 소재. 1964년 10월 9일 촬영.

음력 정월 초삼일로 국수당보다 뒤에 제를 지낸다.

이곳 창리의 국수당 형태는 외부에서 마을로 들어오는 마을 뒤쪽 상산 꼭대기에 2평 정도의 장방형으로 된 잡석을 쌓아올린 돌담이 있는데 그 한가운데에 무너져 흩어진 누석단이 있고 그 앞에 석반단 이 있다. 석반단 위에 12센티미터 가량의 쇠말이 봉안되어 있고, 옥수(玉水)를 바치는 중발 3개가 항상 쇠말 앞에 놓여 있으며 신수 로 관목 숲이 있다. 이곳에도 외부로부터 침입해 오는 호랑이를 이 쇠말이 뒷다리로 차서 격퇴시키다가 쇠말의 뒷다리 하나가 부러 졌다는 전설이 전한다.

같은 군 근흥면 신진도리에도 마을 오른쪽의 당산에 산제당이 있는데, 마을 뒤쪽 먼 곳의 높은 산꼭대기에 국수당이 있었으나

산신당과 부엌 동신제를 지내는 산신당의 당집과 소나무 신림(맨 위). 동신제를 지낼
때 제관들이 기거하며 제수를 마련하는 산신당의 부엌(위). 충남 태안군 근흥면 신진
도리 소재. 1986년 2월 18일 촬영.

폐당되고 지금은 '구수봉'(또는 국수봉)이란 산명만 남아 있다. 동구 고갯마루 길 옆에 잡석을 긁어 모아 올린 누석단과 신수가 있다.

같은 군 이북면 당산리에 '가제산'이란 산명을 가진 산의 상봉을 '국수봉'이라 부르는데, 그 정상에 신당이 있었다는 이야기만 전한다. 그 밑에 산제당이 있었으나 역시 폐당된 지 오래 되어 터만 남아 지금도 제를 올린다.

경기도 강화군 내가면 황청리에는 마을 뒷산 기슭에 임장군당이 있으며 외부에서 들어오는 마을 뒤 높은 산인 국수산 꼭대기에 국수당이 있다. 이곳에서도 국수당을 상당, 임장군당을 하당이라 부른다. 제사지내는 날은 음력 정초에 날을 잡아서 하며 상당인 국수당에 먼저 제를 지내고 나서 하당인 임장군당에 제를 지내고, 맨 나중에 마을 옆에 있는 도대감막(都大監幕)에 제를 지낸다. 이곳 국수당의 형태는 산에 있는 잡석을 쌓아올려 벽을 만들고 그 위에 짚으로 엮어 지붕을 덮은 1칸 정도의 집이다. 집 안 출입구 정면 벽 중앙에 당신(堂神)으로 서낭님의 그림과 그 오른쪽에 삼불제석, 그 왼쪽에 임장군부부의 그림이 봉안되고, 잡석을 쌓아올린 담장이 이 당집 주위를 둘러 5, 6평 정도의 대지를 차지하고 관목 신수가 있다.

서울 서대문구 현저동에 있는 인왕산에도 산 중턱에 국사당이 있는데, 그 형태는 8칸 정도의 크기에다 지붕에 기와를 얹은 전당(殿堂)이다. 이 건물 옆에 소나무 신수 1주가 서 있어서, 이 신수에 백지와 청, 홍, 황색 등의 비단 조각을 예단으로 건다. 당 내부에는 이태조(李太祖)와 최영장군(崔瑩將軍)을 주신으로 하여 오른쪽으로부터 창부(唱夫), 곽곽선생 이순풍, 신장, 산신, 호구아씨, 무학대사, 삼불제석 등 20위의 무신도가 봉안되어 있다. 이 국사당은 원래 목멱산(南山) 꼭대기에 있던 것인데, 일제 때 남산에 신사(神社)를 세우면서 신사보다 국사당이 높은 위치에 있을 수 없다는 이유로 1925년에 현위치로 이전된 것이다.

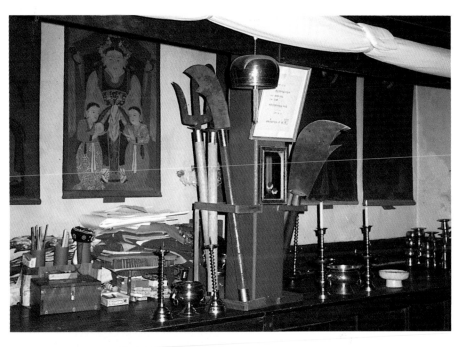

국사당 내부 국사당 안에 봉안되어 있는 무신도와 무구(위). 국사당의 주신으로 봉안된 조선 태조대왕 무신도(왼쪽). 서울 서대문구 현저동 소재. 1964년 5월 2일 촬영.

경북 영덕군 축산면 한실에도 국수봉의 꼭대기에 국수당이 있었으나 폐당되었다. 또 전남 승주군 서면 학구리에도 국사봉이 있으나 신당은 없다. 전남 나주군 문평면 명화리 명화 부락의 뒤쪽 높은 산봉우리를 국사봉이라 부르는데 역시 신당이나 제의는 없다.

이상은 현지에서 조사된 국사당 위치와 형태였다. 이 밖에 「동국여지승람」 등의 문헌에 의하면 송악(松岳), 청안(淸安), 임실(任室) 등에도 국사당이 있었다는 기록이 전한다.

지금까지 보아 온 국사당을 위치면에서 볼 때 한 마을에 다른 당과 국사당이 신앙될 경우, 상위……국사당 계통, 중위……산신당, 기타 하위……서낭당으로 국사당 계통이 서낭당보다 상위의 산꼭대기에 위치하여 대체로 상당이라 부르고, 제일을 보아도 상당인 국사당에 먼저 제를 지낸다. 가끔 서낭당이 고갯마루 길 옆에 있는 경우가 있으나 그것이 바로 국사당의 위치처럼 산봉우리의 맨 꼭대기에 있는 것은 아니다.

앞에서 보아 온 국사당의 형태에서는 국사당신을 직접 신체로 봉안하지는 않는다. 그러나 중서부 해안 지역에서 쇠말을 신당에 봉안하거나, 쇠말이 없는 신당일지라도 과거에 쇠말이 있었고 또 쇠말에 따르는 전설이 전승되고 있다는 것이 국사당 신앙에 따르는 지역적 특수성으로 나타난다. 이 계통 신당의 위치가 통상 마을의 뒤쪽 높은 산꼭대기라는 점도 주목된다.

국사당의 제의 형태

현지에서 전승되는 국사당 제의의 실례를 보면 다음과 같다.

앞에서 본 부석면 창리 국수당에는 음력 정월 초 이튿날 아침부터 제관으로 선출된 사람 셋이 물고기와 육류를 먹지 않고, 그날 밤 상산 밑에 있는 대동샘에 가서 정화수로 올릴 물을 따로 떠 놓은 다음 목욕을 하고, 밤 12시쯤 국수당이 있는 상산으로 올라가 돌을 파서 만드는 솥에다 밥을 지어 솥째로 신단에 바친다. 이때 신단에 항시 놓여 있는 중발 3개에다 정화수를 가득 부어 신단에 바친 다음 제관 셋이 함께 재배하고 나서 마을 전체를 위한 대동소지 (大洞燒紙) 한 장을 올린다. 다음 개별적으로 마을 각호의 호주 이름 을 하나하나 부르면서 농사와 어업이 잘 되고 병 없이 건강한 한 해가 되게 해달라는 내용의 기원을 하며 소지를 올리는 것으로 이곳 국수당 제의를 끝내고 제관들이 산에서 내려온다.

이튿날인 초삼일 아침에 다시 마을 왼쪽 낮은 당산에 있는 영신당 으로 제관과 선주, 마을 사람들이 함께 올라가 제관들이 도가에서 가져온 쇠머리, 채, 삼색 실과, 메, 떡, 술을 진설한다. 제의 대상은 영신당 당신내외, 수배신내외, 지토신내외 등 6위이고, 그 신위들 앞에 촛불 1개씩을 켜 놓고 제관이 재배하는 것으로 제의는 끝난 다. 제물은 걷어 당주인 도가로 가지고 와서 음복한 뒤에 마을 집집 마다 똑같이 나누어 준다. 이 곳의 제의에는 제를 지내고 무당을 불러다 당굿도 했으나 경비 관계로 매년 무당을 부르지는 못한다.

한편 윤달이 드는 해에는 위와 같은 제의에 이어 초삼일 낮에 정결한 소나무를 베어서 남장승 1기, 여장승 1기를 만들어 놓았다가 초사일 아침에 이 장승을 앞세우고 그 뒤에 꽹과리, 징, 장구, 북 등의 농악을 울리며 온 마을 사람들이 따라 행렬을 지어 밖에서 마을로 들어오는 장승재에 가서 길 양옆에 장승을 하나씩 세워 놓는 다. 장승의 위치는 마을을 향해 오른쪽에 남장승, 왼쪽에 여장승을 세운다. 장승의 높이는 160센티미터 가량 된다. 윤달이 드는 해는 질병이 돌고 재앙이 심하기 때문에 예부터 그 예방으로 장승을 세우 는 것이라고 한다.

안면도 우포의 국수당에도 음력 정초에 택일하여 마을에서 선출 된 제관 3인이 밤 12시쯤 국수당에 올라가 메만 한 그릇 올리고 재배한 다음 대동소지와 각 호별 소지를 올리고 나서 마을 왼쪽의

국수당과 내부 국수산 정상에 있는 국수당 당집(맨 위). 정면 벽에 임경업장군, 서
낭, 삼불제석의 무신도가 걸려 있다(위). 경기도 강화군 내가면 황청리 소재. 1964
년 10월 18일 촬영.

당산에 있는 산제당으로 자리를 옮겨 앞의 창리 영신당과 같은 제물, 제의 절차로 진행한다.

강화도 내가면 황청리 국수당에도 밤중에 선출된 제관 2인이 도가에서 차린 메, 떡, 술, 사과, 배, 곶감, 대추, 밤 등의 제물을 지게에 지고 올라가 당집 안의 제단에 차려 놓고 재배하는 것으로 제를 끝낸다. 다음 산기슭에 있는 임장군당으로 내려와 제를 지내는데 여기에는 국수당의 제물에다 돼지머리가 하나 더 첨가된다.

이튿날 아침 늦게 마을 한 옆 산기슭에 있는 도대감막에다 간소한 제물을 차려 놓고 제를 올리는 것으로 이곳의 제의는 모두 끝난다. 임장군당의 제의에는 3년마다 한 번씩 무당을 불러다 당굿을 하는데 이때는 당 앞에서 산돼지를 끌고 가 잡아서 제물로 쓴다.

지금까지 앞에서 보아 온 국수당의 제의에서 주목되는 것은 부석면 창리 국수당의 경우 돌로 만든 솥에 밥을 지어서 솥째로 바치고 재배한 다음 소지를 올리는 것으로 제를 마치게 되는데, 번잡한 절차가 따르지 않는 이런 제의가 아마도 유교식의 제의 절차가 들어오기 전의 재래식 제의 형태가 아니었나 생각된다. 그러나 국사당의 제의는 앞에서도 말한 것처럼 폐당되거나 인멸되어 간혹 산명만 남아 있고 또 다른 계통의 신당과 습합되어 그 원래의 모습을 찾기가 어려워 중서부 지역의 국사당 가운데 간소하면서도 전형적인 제의 하나를 예시하는 정도이다.

국사당의 제의 사례들을 통해서 국사당의 제의가 제관의 선출로부터 그 선출된 제관의 금기 과정이 있고, 그러한 과정을 거쳐 세속으로부터 신성으로 들어가 성역인 국사당에서 신께 제의를 올리고, 소지로써 지금까지의 모든 것을 소각하고 새로운 존재를 획득, 순환시키는 제의의 기본 틀을 갖추고 있다는 것을 알 수 있다.

국사당 신앙의 분포

국사당은 중서부 해안 지역에서 많이 볼 수 있고 영남 지역에서도 가끔 그 자취가 산이름에서 보인다. 호남 지역에서도 국사봉이라는 산명이 남아 있고, 관북, 관서 지역에서는 잡석을 긁어 모아 쌓아올린 돌무더기인 누석단 형태의 서낭당을 국수당, 국시당이라 부르고 있다. 따라서 서낭당과 국사당이 복합되어 있는 것으로 보여 이 지역도 국사당의 분포 지역으로 생각된다.

이런 점으로 미루어보아 국사당은 원래 전국적으로 신앙되어, 연원이 오래인 전통적인 마을에 산신당, 서낭당과 함께 기본적으로 복합 신앙되던 동신 신앙의 한 갈래이던 것이 점차 인멸되어 가는 과정에 있는 것이라 생각된다. 중서부 해안 지역에서 아직도 국수당을 많이 찾아볼 수 있는 것은 전국적으로 분포되었던 국수당 신앙이 인멸되어 가다 남은 잔존 현상이라 생각된다.

국사당 신앙의 구성 내용

국사당 신앙의 구성 내용이 무엇인가 알기 위해 먼저 그 신앙 대상인 국사신의 성격부터 알아보아야 할 필요가 있다.

앞에서 보았듯이 국사당의 '국사(國師)'는 국수당, 국시당의 국수, 국시가 한자로 취음 표기된 문헌상의 기록일 뿐, 특별한 뜻이 있는 것은 아니다. 서울 인왕산 소재 국사당의 예를 보아도 한자로 '국사당(國師堂)'이란 현판까지 걸려 있어도 주민들과 외지의 무당들은 반드시 '국수당' 또는 '인왕산 선바위 국수당'이라 부르지 국사당이라 부르는 예가 없다. 그래서 '구수(龜首)→국수(국시)→國師(한자 취음 표기)'의 과정을 거쳐 현지에서 전승되는 구수, 국시가 한자로 취음 표기되어 국사로 표기된 것이 아닌가 생각된다. 그리고 구수봉을 '당금' '당그미'라고 부르는 예(충남 태안군 근흥면 신진도리, 정죽리, 동군 소원면 당산리 소재)는 '—금' '—그미'가 짐, 검,

국사당 인왕산 중턱에 있는 전각 형태의 국사당 현판. 서울 서대문구 현저동 소재.
1974년 8월 10일 촬영.

곰, 금 등 신을 가리키는 말이어서, 신을 가리키는 용어와 상통되어
'구수봉' '국시봉'은 '신산(神山)마루'라는 의미로 볼 수 있다. 그리고
'신산마루'인 '구수봉' '국시봉'은 단군 신화에서 천상신이 하강한
신단수가 있는 태백산정 가야국의 시조가 강림한 '가락국기'의 구지
봉, 신라의 육촌장이 하강한 산정(山頂) 등과 맥을 같이하는 천상신
의 강림을 의미하는 신산마루라 생각된다. 그 단적인 예로 지금도
경기도 강화군 소재 마니산(麻尼山) 꼭대기에 있는 참성단에는 매년
음력 10월 3일 개천절이 되면 주민들과 무당들이 모여 단군이
천상에서 이곳 마니산정에 하강한 날임을 기념하는 제의를 올리는
대대적인 제천(祭天) 행사를 벌인다.

이와 같은 앞의 사실들로 보아 구수봉(이하 국시봉 포함)은 신앙
형태의 단계상으로 볼 때 천상신이 마을에서 제일 높은 산꼭대기에

최초로 강림한 형태가 되고, 그것은 마을 사람들이 지상에서 하늘에 제일 가까운, 마을의 높은 산꼭대기를 택해 하늘의 최고신과 교섭하는 제의 장소로 삼게 되었을 것이라 생각된다. 그렇게 보면 구수봉은 지상과 천상을 이어 천상의 신이 지상으로 내려오고 또 지상의 인간이 천상의 신을 맞는 우주적 축으로서의 우주적 산이 되는 동시에 천상을 근원으로 하여 마을 사람들의 풍요와 건강이 여기서부터 시작된다고 믿는 존재 근원(存在根源)이 된다. 따라서 그와 같은 존재 문제를 바탕에 깔고 있는 상징성이 사고(思考), 행동으로 표현되는 것이 마을 사람들을 통해 집단으로 전승되는데 그 한 형태가 국사당 신앙이라 생각된다.

산신당 신앙

산신 신앙의 형태와 분포

동신으로 신앙되는 산신(山神) 신앙의 형태는 마을의 배후 산 중턱이나 산기슭에 당(堂)을 마련하여 산신을 모셔 놓고 매년 정초에 날을 잡아 동신제를 올리며 마을 전체의 풍요와 건강, 행운을 기원한다. 산신을 모신 '산신당'의 위치가 산 위에 있는 경우도 가끔 있는데, 이것은 국수당과 같이 산의 정상에 자리잡고 있는 것이 아니고 그 산에서 이어져 내려오는 산줄기의 정상보다는 낮은 위치에 자리한다. 이와 같은 위치에 있는 산신당의 형태는,

1. 아무런 시설물이 없는 평토(平土) 형태
2. 큰 바위 밑의 평토 또는 이런 바위 밑에 제단이 있는 형태
3. 신수(神樹) 형태
4. 신수 밑에 제단이 있는 형태
5. 신수 밑에 당집이 있는 형태

산신당 마을 뒷산에 재실과 부엌이 함께 있는, 산신을 모시고 동신제를 지내는 당집이다. 충남 태안군 근흥면 가의도리 소재. 1986년 2월 19일 촬영.

6. 자연 석굴(石窟)이나 석실(石室) 형태

등이 있다. 이 가운데 수적으로 보면 5의 형태가 가장 많아 산신당의 보편적인 형태로 보이고, 그 다음이 4, 3, 1, 2, 6의 순위이다. 따라서 5, 4, 3의 형태가 수적으로 우세하여 산신당 형태의 기본적 범주 안에 드는 것으로 볼 수 있는데 그럴 경우에 신수 형태에서 신수 밑에 제단이 있는 형태로 또 신수 밑에 당집이 있는 형태로 점차 발전되어 갔을 것으로 생각해 볼 수 있다.

1의 형태는 처음에 3의 형태와 같이 신수인 나무만 있다가 나무가 죽어 없어져 그 나무가 섰던 자리를 성소(聖所)로 여겨 여기서 그대로 산신제를 지내는 경우와 또 처음부터 산봉우리를 향해 그

밑 산 중턱이나 산기슭을 성소로 정해 산신제를 지냈을 가능성도
생각해 볼 수 있다. 그렇다면 1의 형태로부터 앞서 말한 3의 형태에
서 4의 형태로, 4의 형태에서 5의 형태로 발전되어 갔을 가능성도
고려해 볼 수도 있다.

　2의 형태는 큰 바위가 신성시(神聖視)되는 예인데, 이 경우는
바위 자체의 신앙이라기보다는 바위가 성체(聖體) 곧 산신의 상징일
수 있다. 이럴 때의 바위는 반석같이 넓고 평평한 바위가 아니고
대개 높이 우뚝 솟아 있거나 산비탈에 깎아지른 듯이 서 있는 병풍
형의 바위이다. 이런 바위는 땅 위에 깔린 다른 바위와는 달리 지상
에서 하늘을 향해 높이 솟아 있다는 속성(屬性)을 갖게 된다. 그래서
높이 솟은 바위는 하늘을 향해 솟아 있는 산이나 나무와 맥을 같이
한다. 따라서 지상에서 하늘을 향해 솟은 산이나 나무나 바위는
지상과 천상을 이어 주는 우주적 축(軸)이 되면서 천상의 신이 지상
으로 강림하는 통로라 여겨 신성시되고, 그런 신성이 뒤에 구체적인
신격(神格)을 형성하게 되었을 것이라 생각된다. 그러므로 2의 형태
는 바위가 산신의 강림 통로이자 그것이 후기적인 산신의 성체 상징
인 양면성을 갖는 것으로 볼 수 있다.

　6의 형태는 극히 드문 형태인데, 산간의 바위굴이나 큰 암반(岩
盤)이 비스듬히 지면에 닿아 굴 같은 형태가 되어 그 속에 산신을
모신 형태이다. 그리고 석실 형태의 산신당은 신수 밑에 있는 예도
있는데, 이 경우는 신수 밑에 제단이 있는 4의 형태에서 신수 밑에
당집이 있는 5의 형태로 이행되기 이전의 과도기적 형태로 볼 수
있다. 그러나 4의 형태에서 반드시 6의 형태를 거쳐 5의 형태로
옮겨가는 것은 아니고 4에서 5의 형태로 옮겨가는 예가 많다고
생각된다.

　앞에서 본 산신당의 1, 2, 3, 4의 형태는 후기적인 산신의 성체
상징으로서의 산, 바위, 나무 앞에 제단을 설치하고 산신을 향해

제의를 올리는 형식으로 볼 수 있다. 5, 6의 형태는 여기서 한 걸음 더 나아가 그와 같은 산신을 일정한 실내(室內)에 모셔 두는 형식으로 볼 수 있다. 그래서 6의 형태는 사방 25×35센티미터 가량의 석실(김태곤「한국무속도록」중부 지역, 사진98, 집문당, 1982.)에 산신의 정령(精靈)을 깃들게 하는 형식이 되고, 당집 형태인 5의 형태는 사람의 형상으로 상상하는 인격화된 산신이 그 당집 안에 거처하는 형식이 된다. 이런 당집 형태의 산신당 안에는 "○○ 산신지위(山神之位)"라 쓴 위패(位牌)가 있거나 '길지'(당 안의 정면 벽에 횃대를 가로 매고 백지를 길이로 한 번 접어서 그 한 허리를 횃대에 걸친 것)가 있고 또 호랑이를 옆에 둔 늙고 점잖은 할아버지의 신상을 그림으로 그려서 벽에 걸어 놓았다. 이렇게 산신의 모양을 사람의 형상으로 그려서 당집 안에 거는 것은 사람의 형상을 한 산신이 그 당집 안에 영속적으로 머물고 있다는 것을 의미하는 것으로 볼 수 있다.

이렇게 보면, 산신당의 형태를 통해 산이 산신의 성체 상징 단계에서 석실 형태의 정령 단계를 거쳐 당집 형태의 인체(人體) 현현(顯現, 인격화) 단계로 발전되고, 산신당은 그와 같은 산신의 상징적 표현 단계에 따른 외적 표상(表象)으로 볼 수 있다.

동신으로 신앙되는 산신 신앙은 전국에 널리 분포되어 있는 것으로 보인다. 한국의 동신 신앙이 지역에 따라 차이는 있겠으나 국수당, 산신당, 서낭당, 장승이 마을 단위로 복합 신앙되던 것이 보편적인 동신 신앙 형태였다는 것은 앞에서 논의되었다.

골매기 신앙이 집중적으로 분포되어 있는 영남 동해안 지역과 당산 신앙이 집중적으로 분포되어 있는 호남 지역에도 서낭당과 산신당이 간간이 있다. 특히 호남 지역의 당산 신앙은 사신 신앙의 변이(變移)로 보인다. 낭산(堂山)은 원래 당(堂)이 있는 산을 가리키는 말이고, 산에 있는 당은 국수당이나 장군당, 기타 신당이 있는

골매기당 영남 동해안 지역에 집중적으로 분포되어 있는 골매기당은 마을을 지켜
주는 골매기신을 모시고 동신제를 지내는 당집이다. 경북 영일군 청하면 덕성리 소
재. 1965년 5월 23일 촬영.

예도 있지만 대체로 산신을 모신 당이 많은 데다 당이 있는 산 자체
가 신성시되면서 성체(山神) 상징이 되기도 한다.

호남 지역에서는 신수인 당나무 밑에 제단을 놓고 당산이라 부르거
나 입석을 당산이라고 부르며 여기에 동신제를 지낸다. 이것은
산에 산신을 모신 당산의 관념이 산이 없는 호남 지역의 일부 평야
지대에까지 연장되어 그런 신을 모신 당나무나 입석 형태의 신당까
지도 당산이라 하는데 산신 신앙의 후기적 연장 변이 형태로 볼
수 있다.

산신 신앙의 시원과 신앙 내용

산신 신앙에 관한 문헌 기록은 「조선왕조실록」으로부터 「고려
사」로 거슬러 올라가면서 산천(山川)에 제사했다는 대목들이 많이

보인다.

조선 태조 2년 1월에 지리산, 무등산, 금성산, 계룡산, 감악산, 삼각산, 백악산과 진주의 성황을 나라를 지켜 주는 신으로 위했고, 태조 4년 12월에는 남산을 목멱대왕(木覓大王)으로 봉하여 일반의 잡사(雜祀)를 금하게 한 것을 비롯하여 후대로 내려오면서 산을 위하는 신앙이 성행했다.

고려대로 거슬러 올라가도 산천에 제사하며 산 위에서 기우제를 지냈다는 기록들이 많이 보인다. 또한 오늘날의 동신으로 신앙되는 산신 신앙과 연계되는 형태는 이미 「삼국유사」에 전하는 '가락국기(駕洛國記)'에서 보이고, 그것은 더 소급해 단군 신화에까지 이어진다. 하늘에서 태백산 정상에 내려온 환웅(桓雄)과 웅녀(熊女) 사이에서 단군이 출생하여 고조선을 건국하고, 뒤에 단군은 구월산의 산신이 되었다.

이와 같이 천상에서 지상으로 내려온 신이 뒤에 산신으로 변이되는 과정은 이것이 신화를 기술한 자료이지만 기록으로 전하는 산신 출현의 시원(始源)으로 보인다. 그래서 산신은 천상으로부터 맥이 이어지고, '가락국기'에서 부족들이 구지봉(龜旨峰)에 모여 제의를 통해 건국 시조를 하늘로부터 맞는 것도 하늘과 산이 연계되는 단군 신화와 같은 맥락을 갖게 되면서 그런 부족 공동의 제의는 또 마을에서 공동으로 이루어지는 오늘날의 산신제나 국수당 제의인 동신제와 같은 범주 안에 드는 것으로 볼 수 있다.

이렇게 보면 하늘 숭배로부터 산신 신앙으로 이어지는 맥은 단군 신화로부터 비롯되고, 그와 같은 산신과 천상신의 연계는 문헌 기록말고도 산정(山頂)에 자리잡고 있는 국수당의 위치와 형태에서 잘 드러난다. 최초에 천상의 신이 국수당이 있는 산정에 내려오면서 그 산이 신성하게 여겨지면서 성체로 상징되어 산신이 등장한다. 따라서 그런 산신을 신앙하는 산신당이 산 중턱이나 산기슭에 위치하여 산신을 모셔 두게 된 것이라 생각된다.

산신 신앙의 주 대상이 산의 성체 상징인 산신을 신앙하는 것이지만 그 산이 성체로 상징되기까지는 앞에서 본 바와 같이 하늘과 깊은 관련이 있다. 따라서 산신 신앙의 밑바탕에는 하늘 숭배의 잔영이 간간이 이어져 오는 것으로 보인다.

높은 산에 천왕봉(天王峰), 천마산(天馬山) 등의 천자(天字)를 붙여 명산으로 위하고, 기우제(祈雨祭)를 지내며 하늘과 연계되는 성산(聖山)으로 위하는 것에서 산신과 천신의 연계성을 찾아볼 수 있다. 그러면서 산신은 또 호랑이로 상징되기도 하여 산신 신앙이 호랑이 숭배로 나타나는 예도 있다. 민간에서는 호랑이를 신성시하여 '산왕(山王)' '산군(山君)' '산령(山靈)' '산까시' 등으로 부르지 호랑이나 범이라고 직접 동물 이름을 부르기를 꺼리는 습관이 있다. 그것은 호랑이가 산신의 화신(化身)이어서 호랑이라고 하면 산신이 노하기 때문이라는 것이 민간인들의 설명이다.

산신이 이렇게 호랑이로 상징되는 것은 호랑이가 한국의 산짐승 가운데 가장 용맹스럽고 크고 무서운 동물로 깊은 산중에 살기 때문에 산신의 사자(使者) 또는 화신으로 여긴 데서 호랑이가 산신의 상징으로 나타나는 예가 있게 된 것이라 생각된다. 그래서 산신을 신앙하는 신앙 구성 내용에는 산의 성체 상징인 산신이 주 대상이면서 그 밑바탕에는 하늘을 숭배하는 천신 신앙의 잔영이 남아 있고 여기에 산과 연계된 후기적인 호랑이 숭배 요소도 복합된 것으로 보인다.

산신 신앙과 무속, 불교와의 상관성

산신은 동신으로 신앙되면서 무속에서는 무신(巫神)으로, 불교에서는 신중(神衆)으로 자리잡고 있다.

무속에서 산신을 신앙하는 예는,

산기도 큰 바위 밑의 산제당에서 한 신도가 산신께 기도를 드리고 있다. 서울 서대문 구 평창동 소재. 1972년 5월 14일 촬영.

1. 산신의 무신도(巫神圖)
2. 산신굿에서 굿을 받는 신
3. 산기도

등 세 부문으로 크게 나누어 볼 수 있다.

첫째, 무속에서 산신이 무신도로 형상화하여 신앙되는 경우는 다음과 같다. 한국의 중, 북부 지역에 분포되어 있는 강신무는 무당이 되는 초기에 몸에 실려 강신된 몸주신을 모셔 두는 신단(神壇)을 자기 집에 마련한다. 그리고 여기에 몸주신을 비롯해 10 내지 20위 또는 30위 안팎의 무신을 그림으로 그린 무신도를 걸고 아침마다 정화수(井華水)를 바치며 영험력이 더욱 강해져 무업(巫業)이 잘 되게 해달라고 기원하며 치성을 드리고 굿도 한다.

강신무가 꾸민 이와 같은 신단에는 산신의 무신도가 대부분 장군신, 용신, 오방신장, 삼불제석, 칠성신 등의 무신도와 함께 걸려 있다. 그래서 산신의 무신도는 중, 북부 지역 강신무들이 보편적으로 자기 집 신단에 모시고 있는 무신도이다.

무신도의 형태는 가로 60센티미터, 세로 100센티미터 안팎의 천이나 종이 바닥에 청, 홍, 황색 등의 원색으로 무신의 형상을 그린 것인데, 산신의 무신도는 머리가 하얗고 수염이 긴 점잖은 할아버지가 호랑이를 옆에 두고 앉아 있는 형상이다.

둘째, 산신굿에서 산신이 제의 대상으로 신앙되는 경우는 다음과 같다. 굿의 제차(祭次)가 대체로 12거리(서울, 경기 지역)에서 15거리 안팎(기타 지역)이 되고 제주도의 경우는 20 내지 30거리 안팎이 되기도 하는데 산신굿이 그 가운데 한 거리로 들어가는 지역이 많이 있다(굿의 제차를 구분짓는 '거리'는 지역에 따라 석(席), 굿 등으로 부르기도 한다).

서울 지역 굿에서 산과 관련된 '상산(上山)거리'가 기본적인 굿거리로 들어가고 수원, 화성 지역 굿에서도 산과 관련된 '산배램'이 기본적인 굿거리로 들어가며 강원도, 충청남도, 경상남도 등지의 일부 지역에서는 '당산굿' 또는 '산신굿'이 기본적인 굿거리로 들어간다. 제주도의 경우, 가축으로 기르는 소와 말의 번식과 무병을 빌기 위해 산에 가서 하는 산신굿이 있다. 그리고 고성 지역의 강신제(降神祭)인 '신굿'에서는 강신자가 강신된 신명을 알아맞추고 그 신에 의해 말문이 열려 신점을 치는 강신제의 핵심 부문이 산신

굿 과정에 들어 있다.

셋째, 산기도는 중, 북부 지역 강신무가 자신의 영험력을 보강하기 위해 산에 가서 치성을 드리기도 하고, 또 신도들의 소원을 이루어 주기 위해 산에 가서 산신께 직접 간략한 제의를 올리는 산치성을 드린다.

불교에서 산신이 신앙되는 예는, 사찰의 중심인 대웅전(大雄殿) 오른쪽 뒤의 한 옆에 산신당(산신각 또는 독성각, 칠성각)이 있고, 여기에 머리가 하얗고 수염이 긴 점잖은 할아버지가 호랑이를 옆에 두고 앉아 있는 산신 탱화(山神幀畫)가 봉안되고, 불공을 드릴 때, 도량(道場)을 지키는 신중들을 맞아들이는 의식인 신중작법(神衆作

法)에서 산신을 신중의 한 신으로 맞아들여 제의를 받게 한다.

이와 같이 우리나라에 있는 절들의 대부분이 대웅전 오른쪽 뒤에 산신당을 두고 여기에 산신 탱화를 모시면서 산신을 신중으로 위하고 있다. 따라서 산신이 한국 불교에서도 보편적으로 신앙되는 신이라는 것을 알 수 있다.

앞에서 살펴본 바와 같이 무속과 불교에서 산신이 중요한 신으로 비중을 갖게 된 것은, 산신이 한국의 보편적인 동신으로 신앙되기 때문에 그런 산신의 신앙 기반이 무속과 불교로 확산되어 간 것이라 생각된다.

서낭당 신앙

서낭 신앙의 형태와 분포

서낭신이 동신으로 신앙되는 경우는 밖으로부터 마을로 들어가는 동구(洞口) 길 옆에 당(堂)을 만들어 서낭신을 모셔 놓고 매년 해가 바뀌는 정초에 날을 잡아 동민들이 합동으로 제의를 올리며 마을의 안녕을 기원한다.

이와 같은 서낭당은 다른 동신당과는 달리 대체로 동구 길 옆이나 고갯마루 길 옆에 위치하여 밖으로부터 마을로 들어가는 잡귀와 액운, 재앙 등을 막는다. 또한 잡석을 쌓은 원추형의 누석단(累石壇)에 서낭목 신수가 있고, 이 서낭목에 오색의 헝겊 조각을 잡아매어, 서낭당은 위치와 형태부터 다른 동신당의 형태와 전혀 다른 특성을 가지고 있다.

저자가 1960년 8월에서 1992년 2월 현재까지 동신 신앙의 현장 조사를 통해 파악된 서낭당의 형태와 분포를 보면 다음과 같다.

서낭당의 위치는 대체로 마을로 들어가는 동구나 고갯마루 길

서낭당 길가에 있는 누석단(累石壇) 형태의 서낭당. 행인들이 지나갈 때 돌을 주워 얹고 솔개비를 던져 행로의 안전을 기원한다. 충남 태안군 근흥면 안기리 소재. 1964년 10월 4일 촬영.

옆 또는 산기슭의 길 옆에 있으며 그 형태는,

1. 서낭나무 신수에 잡석을 난적(亂積)한 누석단이 있고, 이 신수에 백지나 청, 홍, 백, 황, 녹색 등의 오색 비단 헝겊을 잡아맨 형태

2. 잡석을 난적한 누석단 형태

3. 서낭나무 신수에 백지나 5색의 비단 헝겊 조각을 잡아맨 형태

4. 서낭나무 신수와 당집이 함께 있는 형태

5. 입석(立石) 형태

등이 있다. 다섯 가지 형태 가운데에서 1의 형태가 가장 널리 전국적으로 분포되어 있는 보편적인 형태이다. 2의 형태는 1의 형태의 서낭나무 신수가 퇴화되거나 길 옆에 누석단이 먼저 생긴 경우로 볼 수 있다.

3의 형태는 수목 신앙에 후기적으로 서낭나무에 오색의 비단 헝겊을 잡아매는 현납속(縣納俗)이 복합되거나 또는 처음부터 서낭당의

신수 현납속만 강조된 형태로 볼 수 있다.

5의 형태는 높이 120 내지 200센티미터 안팎, 폭 90 내지 120센티미터 가량의 자연석을 세워 놓고 '수구매기(水口막이)' '돌서낭' '선돌' 등으로 부르는데 이것은 중부, 남부 지역에서 간간이 발견된다.

서낭당의 분포를 보면 1의 형태가 가장 널리 전국적으로 분포되어 있는 기반 위에 2, 3, 4의 형태가 가끔 발견된다. 그리고 신수에 누석단이 복합된 1의 형태 서낭당은 특히 북부에서 중부 내륙 지역 일부를 포함해 평야와 해안선을 낀 중, 남부 지역까지 분포된 것으로 보인다. 신수에 당집이 복합된 4의 형태 서낭당은 중부 내륙 산간 지역과 태백산맥 동쪽의 영동 지역에 분포되어 있다.

서낭당은 이렇게 전국적으로 분포되어 있는데, 신수와 누석단이 복합되어 있는 1의 형태 서낭당을 함경도, 평안도 등지의 북부 지역에서는 '국시당' 또는 '국수당'이라 부른다. 또한 제주도에서는 신수에 백지나 비단 헝겊을 잡아매는 현납속만 있고, 누석단이 없으며 서낭당이란 명칭도 희박해 서낭당의 분포 지역을 다룰 때 이들 지역에 관해서는 더 논의되어야 할 문제로 남는다. 그러나 북부 지역의 '국시당' '국수당' 문제는 형태와 신앙 내용이 서낭당과 동일하면서 명칭만 다르기 때문에 그 명칭은 국수당과의 후기적인 명칭 혼선에서 온 것이라 생각되어, 이 지역도 서낭당의 분포 지역으로 보인다. 제주도의 현납속은 서낭당에서만 볼 수 있는 특이한 형태여서, 이 지역도 서낭당과 관련이 있는 것으로 볼 수 있다.

한편 서낭당의 현납속과 누석단이 복합된 1의 형태는 몽골의 오보와 형태나 신앙 내용이 거의 같아, 서낭당과 오보가 같은 북방계의 관련 신앙 형태로 보인다. 12, 13세기 사이에 있었던 한국과 몽골의 접촉과 특히 이 시기에 몽골 군대가 제주도에 목마장을 두어 가며 상주했던 점을 고려한다면 제주도 신당의 현납속과 본토 서낭

처낭당 마을에서 동신제를 지내는 당집과 신림. 처낭은 서낭과 같은 의미로 사용되는
말이다. 경북 안동군 길안면 만운동 1리 소재. 1991년 12월 13일 촬영.(맨 위)
7스락당 마을의 수호신을 모셔 두고 동신제를 지내는 당. 신수에 백지와 헝겊을 잡아
매었다. 제주도 제주시 용담동 소재. 1966년 5월 26일 촬영.(위)

당의 현납속이 몽골의 오보로부터 일련의 맥을 이루고 있는 사실을 알 수 있다.

이렇게 보면 서낭당은 집중도의 차이는 있으나 전국적으로 분포되고, 앞에서도 언급된 바와 같이 서낭당이 국수당, 산신당과 함께 신앙되는 기본적인 동신 신앙이어서 이렇게 넓은 신앙 분포권을 형성하게 된 것이라 생각된다.

서낭 신앙의 시원과 신앙 내용

서낭당이 생기게 된 내력을 직접 언어로 전해 주는 구비물(口碑物)로는 서낭당의 근원 전설과 무속 신화가 있다.

서낭당의 근원 전설은 "중국의 강태공(姜太公)이 가난했을 때 그의 처 마씨 부인(馬氏夫人)이 집을 나갔다가 강태공이 때를 만나 입신 출세하여 금의 환향하는 도중에 마씨 부인이 다시 살기를 원하였다. 그러나 강태공은 한번 엎지른 물은 다시 담을 수 없다는 말을 남기고 가 버리자 마씨 부인은 원통하여 고갯마루에서 멀리 사라져 가는 강태공의 뒷모습을 바라보며 울다가 기진해 그 자리에서 쓰러져 죽었다. 사람들이 시체가 드러나지 않도록 그 옆을 지나칠 적마다 돌을 집어서 던진 것이 돌더미로 쌓여 오늘날과 같은 누석단의 서낭당이 생기게 된 시초라고 한다" 이런 전설 때문에 이 서낭당을 마씨사당(馬氏祠堂)이라고도 부른다.

서낭당의 근원 전설 가운데 또 하나는, 조선 초기에 병란이 일어날 것을 예측하여 고갯마루에 돌더미를 쌓아 놓게 하여 석전(石戰)에 대비하게 한 것이 서낭당의 시초라고 한다.

경기 지역에서 성주신의 내력을 서술하는 무가(巫歌) 가운데 사악한 소진랑이가 죽어서 길가의 서낭신이 되었기 때문에 오가는 사람들이 그 옆을 지나칠 적마다 더럽다고 서낭당에 침을 뱉게 되었다고 한다.

처낭당 마을 입구에 수호신으로 모시고 동신제를 지내는 입석과 당나무가 있다. 경북
상주군 이안면 교촌리 소재. 1991년 12월 14일 촬영.

이러한 전설이나 무가는 서낭당의 상황에 맞추어 나중에 서술한
내용들이다. 강태공과 관련된 마씨사당설과 석전설은 고갯마루에
있는 누석단에 얽힌 이야기이고, 소진랑이가 죽어서 서낭신이 되었
다는 무가도 길가에 있는 서낭당에 행인이 침을 뱉는 것에 대한
원인 설명 형식이 된다.

서낭 신앙의 시원은 하늘 위의 천신 신앙으로부터 이어지는 산정
(山頂)의 국수당 신앙을 통해 산신 신앙을 거쳐 서낭 신앙에 이른
것으로 보인다. 서낭신이 산왕(山王), 선왕(仙王 또는 先王), 천왕

암탑 마을의 수호신으로 모시며 동신제를 지내는 신당. 이곳이 암탑이고 건너편에 입석으로 된 수탑이 있다. (위 왼쪽)

수탑 암탑 건너편 산기슭에 서 있는 입석 형태의 수탑 동신제로 탑제를 지낼 때 부정을 가리기 위해 암탑에서 수탑까지 약 150미터 길이의 금줄을 치고 외부인의 출입을 막는다. 충북 옥천군 동이면 마령 2리 소재. 1992년 1월 28일 촬영. (위 오른쪽)

(天王) 또는 처낭이라고도 부르는 명칭과 서낭당의 특징인 돌무더기의 누석단에서 산과 관련된 신앙 내용이 논의될 수 있다.

서낭신과 산신의 관계는 영동 지역 '서낭굿' 무가에서 산의 명기 (明氣)가 떨어져서 대관령의 국사서낭신이 되고, 여기서부터 각 마을의 서낭신으로 갈라져 나갔다고 서술된다.

치악산 산촌 서낭신을 모셔 놓고 해마다 동신제를 지내는 치악산 기슭 일대. 강원도 원성군 판부면 금대리 소재. 1972년 4월 15일 촬영.

경기 오산 지역 '서낭굿' 무가에서는,

경상도 태백산 선왕님
전라도 지리산 선왕님
충청도 계룡산 선왕님……

이라 하여 산신을 선왕(山王)이라고 한다. 강원도 원성군 판부면 금대리에 있는 치악산과 백운산 기슭 일대의 마을에는 각각 서낭당이 있는데, 서낭당 제의에는 반드시 돼지의 머리와 간을 생으로 바친다. 이렇게 생으로 바치는 돼지의 머리와 간은 호랑이를 위한 것이다. 이것은 앞의 산신 신앙에서 논의된 것과 같이 이곳 서낭당의 동신체가 산신과 밀접한 관계를 가지고 있다는 것을 알 수 있다. 그리고 마을로 들어오는 동구 길가의 허한 곳에 쌓아 놓은 서낭당의 누석단을 인위적으로 만든 산의 상징적 모형 내지 지상과 천상을 연결시켜 주는 상징적 시설물로 볼 수도 있다.

이와 같은 산의 상징적 모형은 충북, 경북, 전북 등지의 중남부 내륙 지역에 분포되어 있는 '조산(造山)' 신앙에서도 나타난다. 조산은 서낭당의 누석단과 같이 인위적으로 쌓아올린 높이 2미터 안팎의 돌무더기를 마을의 입구나 허한 곳에 설치해 놓고 동신제를 올리는 곳이다. 이 조산은 인위적으로 산의 모형을 만들어 신의 강림을 기원하는 제단 내지 산의 상징적 모형으로 보인다. 그래서 서낭당에는 지상과 천상을 연결시켜 주는 신수가 누석단과 함께 있는 예가 많다.

이와 같이 서낭 신앙과 산신 신앙이 복합되어 무가에서 "산 명기가 떨어져서 서낭신이 되었다"고 서술하는가 하면 또 무가에서 "…계룡산 산신님"이라고 해야 할 대목을 "…계룡산 선왕님"이라 해서 산신을 '선왕'이라 서술한다. 그리고 요즘도 중부 지역에서는 서낭당을 '선왕당'이라 부르는 예도 있다. 산신을 '선왕님'이라고 하는 것은 '산왕(山王)'의 '산'이 음성 모음화하여 '선'이 되는 곧 모음 교체 현상으로 보이고, '서낭'은 '선왕'에서 '선'의 'ㄴ'이 연철(連綴) 전음(轉音)되어 '서낭'으로 발음된 것이라 생각된다. 그래서 서낭은 산왕에서 선왕으로 또 선왕에서 서낭으로 변이 과정을 거쳐 민간에 정착한 명칭이라 생각된다.

서낭 신앙은 산신 신앙으로부터 분화 전성된 것으로 보이고, 이런 연유로 해서 서낭 신앙과 산신 신앙이 서로 복합된 면을 보이게 된다. 이렇게 보면 서낭 신앙 속에 산신 신앙이 복합된 면이 있는데, 서낭당을 가끔 '성황당(城隍堂)'이라 부르는 예와 서낭당의 누석단이 몽골의 오보와 유사한 점이 있어서 이 두 가지 문제가 서낭 신앙의 내용에서 더 논의되어야 할 문제로 떠오른다.

'성황' 문제는 '서낭'을 한자로 표기할 때 중국의 '성황'을 차용한 데서 비롯된 것으로 보여 '성황'은 식자층에 의한 한자 표기에 더 큰 비중이 있고, 재래의 서낭 신앙 내용에 변화가 있는 것은 아니라고 생각된다. 조선시대의 각 고을에서 관의 주도로 이루어진 성황 신앙에는 중국의 성황 요소가 가미되었을 가능성도 있다.

몽골의 오보 문제는 한국에서 서낭당의 누석단 형태가 오보와 유사한데, 서낭당의 누석단을 형태와 신앙 내용면에서 오보와 연계시켜 본다면 한국의 누석단(서낭당)은 북방 문화의 남하(南下) 과정에서 전파 또는 유입되어 온 신앙 형태일 가능성도 있다. 그래서 서낭 신앙은 천신 신앙으로부터 이어지는 산신 신앙의 분화 전성 기반 위에 몽골의 오보 신앙과 중국의 성황 신앙이 후대에 이르러 부분적으로 첨가된 것으로 보인다. 그러나 오보와의 상관성은 누석단에, 중국 성황과의 상관성은 조선시대 관 주도로 이루어진 성황 신앙으로부터 그와 관련된 극히 제한적인 일부 '성황' 명칭에 한정된 것이다. 또한 서낭 신앙의 주류는 산신 신앙으로부터 분화 전성된 재래의 '서낭'이라 생각된다.

동신 신앙의 의미와 기능

동신당의 금기와 근원 상징

    마을에서 공동으로 신앙하는 동신당은 어떤 종류의 신당이든 금기(禁忌)가 철저하게 지켜진다. 마을 사람들이 동신제를 지내는 제의 기간이 아닌 평상시에는 무슨 일이 있어도 동신당 가까이 접근하지 못하고 동신당 신수에 손을 대거나 동신당 안에 들어가는 것은 더욱 더 엄격하게 금지된다. 만약 이와 같은 금기를 깨고 평상시에 동신당 주변 경내에 들어간다든가 신수의 나뭇가지 하나라도 훼손한다면 마을 전체가 재앙을 입게 된다고 믿기 때문에 동민 전체가 공동으로 규제하면서 묵시적으로 지켜져 오는 신앙 관습이기도 하다.

    동신당의 경내 진입을 금지하는 것으로부터 시작되는 동신당에 관련된 모든 금기는 부정(不淨)의 방지라는 표면상의 이유가 있으나 그 이면에는 세속과 신성의 엄격한 구분으로, 세속의 금지 기점(基點)이 금기에 있는 것으로 보인다. 그래서 신성 쪽에 비중을 두고 보면 세속 쪽은 부정한 것이 있는 데가 되어, 부정을 가리는 금기는

부정이 있는 세속을 차단하여 신성을 지키려는 원의(原義)가 금기의
밑바탕에 깔려 있는 것으로 해석된다.

 동신제를 지내려면 미리 7일, 15일 또는 30일 전에 마을 전체의
동회를 열어 정결한 원로로 제관(祭官)을 선출하고, 선출된 제관은
그날부터 목욕 재계하며 세속의 일상적인 모든 것을 금지한다. 또한
집 출입문에 황토를 펴고 금줄을 쳐서 외부인의 출입을 금지하면서
음식을 가려 먹고 언행을 삼가며 부부가 한방에 들지 않는다. 이러
한 철저한 금기로 세속의 일상적인 모든 것과 격리되는 충분한 준비
과정을 거친 뒤에야 신성에 참여하는 제의에 임하게 된다. 그래서
금기는 일상적인 세속에서 비일상적인 신성으로 들어가기 위한

세속의 금지 소거(消去)라는 상징적인 의미가 있고, 그것은 뒤에서 논의하게 될 우주의 공간과 시간의 순환 문제로 이어진다.

그러면 동신당은 왜 이렇게 신성하여 엄격한 금기가 따르는가. 매년 해가 바뀌는 정초에 마을 사람들이 공동으로 동신을 모신 동신당에 동신제를 지낸다. 이럴 때 동신제는 마을 사람들의 생존에 필수적인 풍요와 건강을 획득하려는 생존 방법이 되고, 그와 같은 생존의 기본 조건들이 동신당으로부터 시작된다고 믿어, 동신당이 생존에 필수적인 풍요와 건강의 근원이라 믿는다. 그러면서 그것은 한 번으로 끝나지 않고 매년 해가 바뀔 때마다 주기적으로 새롭게 거듭 태어나는 무한 존재의 근원인 것이다. 종말이 전제된 순간적인 세속이 금기를 통해 엄격히 금지 차단된 세속의 반대편에 있기 때문에 그렇게 세속과 전혀 다른 비범한 의미를 갖게 된다. 동신당에 모신 동신 역시 순간적이고 제약적인 세속 안에 있는 인간 한계의 상징적 반대 투사(投射) 현상일 수 있다.

동신제의 주기적 순환의 의미

동신 신앙의 집약된 표현은 직접적인 행동으로 실천되는 제의인 동신제에서 절정을 이룬다.

동신제는 동신을 중심으로 막연하게 상상하던 마을의 모든 일들, 특히 질병과 재액으로부터 벗어나려는 생존적인 문제가 구체적인 행동으로 표현되는 중요한 순간인데, 이와 같은 동신제는 1회로 끝나지 않고 매년 해가 바뀔 때마다 똑같은 시기에 똑같은 방법으로 되풀이되고 있어서 동신제는 어느 것이나 주기적으로 반복되는 순환성(循環性)을 내포하고 있다. 그렇다면 동민들은 무엇을 어떻게, 왜 순환시키려 하는가.

동신제 금줄 신당은 현실과 구분되는 성역으로 금줄을 쳐서 동신제 때 부정을 막는다. 충북 옥천군 동이면 마령 2리 소재. 1992년 1월 28일 촬영.

　　앞의 서울 지역 동신제의 진행 실태에서 본 바와 같이 동신을 모신 신당에는 금기가 엄해 평상시에는 어느 누구도 신당에 접근하는 것이 금지되고 동신제를 지낼 때에만 제관으로 선정된 몇 사람만이 오랜 금기 과정을 마친 다음에야 신당 안에 들어갈 수 있다. 이태원의 부군당에도 그렇고 용문동의 남이장군당에도 그랬으며, 신당이 없는 신수나 제터만이 있는 동신당에도 그 근처에 접근하는 것이 금지된다. 이와 같은 금기는 신당이 성역으로 일상적인 세속의 공간과 구별되는 곳, 그래서 세속의 일상 공간 밖이라는 의미가 된다. 신당에 따르는 금기가 엄할수록 신당은 일상의 세속인 현실 공간과 엄격히 구별되는 현실 밖의 성역이란 의미가 강조된다. 이런 현실 밖의 성역인 신당에서 질병과 재액을 물리쳐 동민들이 건강하고 풍요롭게 해달라고 비는 것은, 이와 같은 건강과 풍요의 근원이 현실 밖의 신당 바로 여기라고 믿는 것이 된다. 그래서 동민들은 그들이 사는 마을 안의 현실 공간은 질병과 재액이 있고, 현실 공간 밖에 있는 신당은 건강과 풍요가 있는 곳이란 의미가 되어 건강과 풍요의 근원이 현실 밖에 있다고 믿는 결과가 된다.

해가 바뀌는 신년 초에 신당에서 이루어지는 이와 같은 동신제는 속화된 일상의 낡은 현실, 질병과 재액을 금기를 통해 차단, 폐기해서 건강하고 풍요한 새로운 공간으로 현실을 바꾸어 나가는 우주적 순환에 의한 재생적 의미가 있는 것으로 보인다. 건강과 풍요를 비는 이런 순환적 재생 의례는 존재의 단절을 거부하여 존재가 영원하다고 믿는 입체적 존재 사고인 '원본(原本, arche-pattern)' 사고에 기반을 둔다. 따라서 유형 존재의 근원을 무형 존재로 보고, 이 양자가 끝없이 순환 반복되어 존재는 어떤 경우라도 단절없이 영원히 지속되어 간다고 믿는 존재의 원사고(原思考)에 의한 것이라 본다.

이와 같은 존재의 영구 지속 욕구에 의해 민간인들이 사는 마을에는 그 마을의 수호신을 모신 신당이 있다. 이 신당이 곧 건강과 풍요의 근원이라 믿어 전통적인 마을에는 동민들 자신의 존재 지속을 위해 신당을 만들어 매년 주기적으로 동신제를 지내고 있다. 그래서 동신을 모신 신당은 동민들의 건강과 풍요가 이루어지는 자기 존재의 근원이자 그 마을 전체 모든 것의 공통 근원이란 의미가 되고, 신당에서 이루어지는 동신제는 이와 같은 존재 근원으로의 순환적 재생을 목적으로 이루어지는 동민들의 생존 방법이라 생각된다.

동신제의 종교, 사회적 기능

동신 신앙의 기능은 종교적 기능과 사회적 기능의 양면이 논의될
수 있는데, 종교적 기능은 앞의 '동신제의 주기적 순환의 의미'에서
대체로 수렴되어, 동신제가 금기를 통해 세속을 소거하고 존재 근원
인 신성으로 되돌아가 여기서 존재를 새롭게 다시 순환시켜 나오는
재생적 기능이 논의되었기 때문에 여기서는 동신 신앙의 사회적
기능에 비중을 두어 동신 신앙의 기능을 논의하려고 한다.

동신 신앙의 사회적 기능은 다음의 세 가지 관점에서 검토될 수
있다.

첫째, 심적 유대와 단합이라는 관점에서 동신 신앙의 사회적 기능
이 검토될 수 있다. 앞의 서울 지역 동신제의 진행 실태에서 본 바와
같이, 동신제는 동민들이 합동으로 제비를 추렴해 그 마을을 수호해
주는 동신에게 제를 올리는데, 제 한 달 전부터 준비하고 동민 전체
가 합동으로 부정을 가리며 금기를 지킨다. 동신제의 금기는 보통
7일이나 15일이 된다. 금기를 잘못 지키면 부정이 들어 동신제가
무효화되고 도리어 화를 입어 생업이 안 되고 전염병이 들어와 마을
전체가 피해를 입어 못 살게 된다고 믿어 동신제 기간은 동민들이
합심해서 금기를 지킨다. 또 동신제에 쓸 제비의 추렴에서도 성심껏
능력에 맞도록 자진해서 쌀이나 돈을 내어 한마음 한뜻으로 제의
에 참여해 동신제를 지낸다. 이태원 부군당의 제비 추렴과 용문동
남이장군당의 걸립에서도 동민들이 자진해 제비를 추렴하고 걸립
(乞粒)꾼이 돌 때 자진해서 걸립상(乞粒床)을 집단으로 바친다.
그래서 동신제의 금기, 제비, 참여는 동민들의 심적 유대와 단합을
촉진시키면서 소속감을 보다 공고하게 만드는 계기가 된다.

둘째, 사회적 정통성의 계승이라는 관점에서 동신 신앙의 사회적
기능이 논의될 수 있다. 앞의 서울 지역 동신제의 진행 실태에서

탑제 마을의 수호신에게 동신제를 지낼 때 풍물을 울리며 탑돌이를 한다. 충남 금산군 추부면 신탑 2리 소재. 1991년 2월 28일 촬영.

당제 마을의 수호신으로 섬기는 당나무에 안녕과 태평을 빌며 당제를 올리고 있다. 대전 옥계동 소재. 1991년 2월 28일 촬영.

본 바와 같이 전통적인 마을마다 정초에 택일해서 밤에 거행되는 동신제는 그 마을 동민들의 전통적인 생존 방법에 의해 동신에게 새해에도 동민들이 병 없이 건강하게 생업이 번성해 풍요롭게 잘 살도록 해달라고 빈다. 이럴 때 동신제는 과거 수십년, 또는 수백년 동안 조상들이 지내던 동신제를 그대로 답습하면서 동민들이 같은 마을의 공동 운명체라는 자기 소속감을 다시 확인시켜 주고, 그래서 과거 조상들이 생활해 온 '본(本)'을 그대로 이어간다. 이와 같은 '본'이 그 마을의 사회적 구심점이 되어서 과거의 생활 모습을 그대로 이어, 사회 변동 속에서 그래도 한 가닥의 제동적 구실로 마을의 보수적 전통이 그 마을의 사회적 정통성으로 이어지고 있다.

셋째, 민주화라는 관점에서 동신 신앙의 사회적 기능이 검토될 수 있다. 앞의 서울 지역 동신제의 진행 실태에서 본 바와 같이 동신제를 지내는 마을에서는 어느 곳이나 동신제 전에 동회를 열어서 제의 전반에 관한 것이 협의된다. 동회에서 동민들이 협의하여 제관을 선출하고 제의 비용을 결정해 동민 전체 의사가 반영된 민주적 방식으로 동신제를 지내고 있다. 또 동신제가 끝난 이튿날 아침이 되면 동민들이 전부 동신제를 주관한 당주집에 모여 제사에 차린 제물을 고루 나누어 먹고 제비를 결산해 수입과 지출을 명확히 밝히고 여분이 있으면 마을의 공동 기금으로 적립시키거나 마을의 공동 경비로 사용한다. 그리고 동민들이 회식하며 결산하는 자리에서 동사를 협의한다. 그래서 동신제의 이와 같은 절차는 예부터 전해 오는 한국 재래의 전통적인 대동 의결의 민주적 기구로 볼 수 있다.

지금까지 앞에서 보아 온 동신 신앙의 사회적 기능은 급속히 변해 산업화되어 가는 오늘의 사회 변동 속에서 그래도 과거의 전통을 지켜가는 보루(堡壘)가 된다. 동신제에서 동민들의 단합과 소속감의 고취, 민주적 협의 협동 등은 인정이 고갈되어 개인주의로 치닫는 오늘의 한국인들에게 본(本)이 될 만한 중요한 생활적 귀감이 될 수 있다고 생각된다.

1900년대의 동신당 1칸짜리 집은 초가를 덮고 있는데 내부에 신주가 모셔진 것이 확인된다. 20세기 초만 해도 전국 곳곳에 많은 수의 신당이 있었음은 재론의 여지가 없다.

1901년에 **촬영한 동신당** 마을 어귀의 한 신당이다. 오색천 뒤로 제신을 그린 것이
보인다. 마치 조선 후기 인물화와 같은 양상의 초상화로 제신이 부부, 말을 탄 부인,
처녀 형상 등으로 나타나 있다.

마을 입구의 장승군 장승은 마을 어귀에 세워 놓고 수호신으로 삼았는데 1903년 당시
의 이 장승은 동신의 형태를 잘 보여 주고 있다.

빛깔있는 책들 101-24

동신당

글	―김태곤
사진	―김태곤

회장	―차민도
발행인	―장세우
발행처	―주식회사 대원사

주간	―박찬중
편집	―김한주, 신현희, 조은정, 황인원
미술	―윤용주, 윤봉희
전산사식	―육세림, 이규헌

첫판 1쇄 ―1992년 3월 12일 발행
첫판 3쇄 ―1999년 10월 25일 발행

주식회사 대원사
우편번호/140-190
서울 용산구 후암동 358-17
전화번호/(02) 757-6717~9
팩시밀리/(02) 775-8043
등록번호/제 3-191호
http://www.daewonsa.co.kr

잘못된 책은 책방에서 바꿔 드립니다.

 값 13,000원

ISBN 89-369-0121-4 00380